知得《しっとく》流儀《りゅうぎ》

ツナグ

徳島文理大学・徳島文理大学短期大学部
桐野 豊【編】

はじめに

桐野　豊

私ども徳島文理大学では、２００７年より、「各界トップと考える世界 - 日本 - 四国」という基本的フレームワークのもとに、「徳島文理大学連続特別講義・公開講座」を開催してきました。その趣旨は、日本のさまざまな課題が先進的に現れている四国＝課題先進地域を課題解決先進地域に変えていこう、そのためのヒントを頂ける各界トップの方をお招きして、学生・教職員・地域の市民が共に考え行動していこうというものです。本書は２０１７年度に開催した「連続特別講義・公開講座２０１７」の講演録に一部加筆修正したもので、シリーズの第11巻にあたります。

また、過去10年の本シリーズの中から、本学の学生が特に強い印象を受けた五つの講義を選んで「私たちが魅了された ひと まち しごと」（徳島文理大学電子出版研究会 編・発行）と題する電子書籍として出版しています（http://amzn.asia/fBPzBDs）。合わせてご覧いただけましたらありがたく存じます。

最近、国は、東京への人口集中を抑制する政策の一つとして、今後10年間、東京23区内の大学の定員増を認めないことを法制化しました。これは地方私立大学を支援するための方策とされており、東京都やマスコミの多くは、学問の自由を侵す、理不尽な規制だ、地方大学が魅力を増すように努力することが先決、などと反対しています。

実際、東京圏一極集中が止まらない主たる要因は、若者の東京圏への転入であり、中でも東京圏の大学への入学が大きく寄与しています。東京都の人口は全国の人口の10・6％ですが、大学生に限れば25・9％を占めています。（総務省日本の統計2017第2章 人口、第25章 教育。http://www.stat.go.jp/data/nihon/index1.htm）。周辺3県を加えた首都圏には、実に、全国の大学生の約46％が在籍しています。

ミュンヘン再保険会社（2003年）の「自然災害リスク指数」はニューヨーク42、ロンドン30、パリ25、北京15に比べて、東京・横浜は710（http://www.tfd.metro.tokyo.jp/

hp-yobouka/anzenjouhou/chapter07-10.pdf）と、けた違いです。政治・経済の中枢がこのように自然災害リスクの高い東京圏に集中しており、また、日本の未来を担う若者が集中している現状は速やかかに改善しなければなりません。

自然災害リスクに加えて、東京はもはやこれ以上の人口集中による生産性の向上は望めない状態にあると考えられること、出生率の向上やワーク・ライフ・バランスの改善が難しいことなども東京圏一極集中是正の理由に挙げられます。東京圏一極集中の流れを止めることは地方のエゴではなく、日本の持続的繁栄のために必須であり、一刻も早く有効な全ての手立てを講ずべきであると思います。

「課題解決先進国」としての「日本が目指すべき社会＝プラチナ社会」の実現を図る全国連携組織「プラチナ構想ネットワーク（小宮山宏会長。http://www.platinum-network.jp/）」では、「プラチナ社会」のモデルとなり得る各地のプロジェクトを「プラチナ大賞」という形で称えています。四国からは、徳島県「とくしまサテライトオフィスプロジェクト～地域再生のための新たな戦略～」、徳島県上勝町「ゼロ・ウェイスト政策から考えるサニテーションシステム」、香川県「かがわ遠隔医療ネットワーク『Ｋ・ＭＩＸ』を活かした遠隔・在宅医療の推進」の三つが選ばれています。東四国は課題解決先進地域に向かって着実に歩を進めつつあります。

皆様それぞれの地域で、独特の「課題解決先進地域」の実現を目指し、また、同様に地方創生に取り組んでいる地域と「ツナグ」ネットワークを形成するうえで、本書や姉妹書を活用して頂ければ、講座の企画者として、また、本書の編者としてこれ以上の喜びはありません。

●目次

第2講座
講座ダイジェスト版

第3講座

変化の時代を生き抜くために

文系学部廃止の衝撃と大学の未来 121

吉見 俊哉
●東京大学 大学院情報学環 教授

坂東 政司
●自治医科大学 内科学講座 呼吸器内科学部門 教授

第1講座

弱点を武器に変える非常識な集客術

訪問者数を30倍にしたプロデューサーの「顧客視点」発想法

水族館プロデューサー、集客再生コンサルタント

中村 元

1 心をつかむ集客とは

●水族館プロデューサーという仕事

私は、水族館プロデューサーという仕事をしています。どういう仕事かというと、新しい水族館を計画したり、すでにある水族館がリニューアルするとき、どんな方向性が良いのか監修したりする仕事です。

私が関わった水族館の中には、1年間の訪問者数が3倍や15倍になったケースがあります。また、水族館の集客が成功しただけでなく、その地域のほかの施設も人気が出て、旅館のお客さんが30倍に増えたケースもあります。

お客さんが少ない場所を、人がたくさん来る人気スポットに生まれ変わらせるにはどうしたらいいのか。

長年、この課題に向き合ってきた私がたどり着いた視点の持ち方や考え方について、ご紹介したいと思います。

●お客さんを知ることから始める

水族館プロデューサーに求められることは二つです。「お客さんがたくさん入る水族館に仕上げること」、そして「お客さんの満足度を上げること」。この2点です。

実は、水族館は誰でもつくることができます。設立に関する法律などがないからです。水槽をいくつか並べて「水族館」と書けば、皆さんもたちまち水族館のオーナーです。本当にそれで水族館になるんです。でも、それではお客さんが来ません。お客さんが来なかったら水族館として意味がない、というのが私の考えです。

中村 元氏

お客さんに来てもらうためには、どうしたらいいのか。いきなり水族館の設計から始めるわけではありません。私はまず、マーケティングから始めます。お客さんが集まる水族館をつくるために、お客さんを「知る」「理解する」ことからスタートするのです。

どんなお客さんを呼ぶことができるのか。集客可能な地域や範囲はどのくらいなのか。集客の最大数はどのくらいで、どうすれば最大数のお客さんをつかむことができるのか。こういうことを考えます。要するに、お客さんのことをイメージするわけです。お客さんのことをしっかりイメージすることができて、初めて水族館の企画や展示計画が始まるわけです。

●入場者数が年間２２４万人になった水族館

私が集客増加に成功した水族館の一つは、東京・池袋にある「サンシャイン水族館」です。ワールドインポートマートビル（サンシャインシティ内）という地上40メートルのビルの屋上にある水族館なので、規模は大きくありません。当時は年間入場者数が70万人の比較的小さな規模の水族館でした。

しかし、その小さな規模の水族館が、リニューアルしたあとすぐに大きく変わりました。なんと、入場者数全国1位である「沖縄美《ちゅ》ら海《うみ》水族館」に次ぐ、年間２２４万人ものお客さんに来てもらうことができました。最大収容人数は、どれだけ詰め込んでも１５０万人といわれていた水族館でしたが「ある工夫」をしたことで２２４万人を記録しました。

また、北海道北見市にある「北の大地の水族館」の例もあります。ここは条件の大変厳しい水族館でした。入場料が非常に安くて、規模は超極小。中心部から離れているというだけでなく、北海道の中でも酷寒の地域です。人を呼べるような魚もおらず、スター不在どころか弱点だらけだったわけです。年間2万人という当時の入場者数は、水族館としては非常に少ない人数でした。

ところが、この水族館をリニューアルしたところ、お客さんの数が15倍に膨れ上がり、なんと年間30万人が訪れる水族館になりました。

この水族館は北見市の温根湯《おんねゆ》というところ、大雪山の麓にあって非常に小さな建物の水族館です。人口が少ないので、特に冬は人も車もほとんど周辺を通りません。そういうところに年間30万人もの人を呼ぶことに成功したわけです。

こんな不利な条件ばかりの水族館に、年間30万人のお客さんをなぜ呼べたのでしょう？これも「ある仕掛け」をしたからです。どんな「工夫」や「仕掛け」をしたのか。これには、集客に関する私の考えが大きく影響しています。

●旅館のお客さんが30倍に増えた

水族館の話から少しはずれますが、私は、障がい者や高齢者など、体の不自由な方々を率先して受け入れることによって観光客全体を増やそうという試みをボランティアでやっています。16年前に始めたこの試みは大成功して、今では全国20カ所にバリアフリー観光の拠点となる「バリアフリーツアーセンター」をつくっています。

こうした集客方法については、特に旅館を対象にして教えています。三重県の伊勢市には、このバリアフリー観光によってお客さんが30倍に増えたという旅館があります。

お客さんを増やすためにどのようにするのか。水族館の場合と同じように、まずマーケティングをします。マーケティングによって、どんなお客さんがいるのか、そのお客さんのニーズは何かを調べます。調べることによって商品づくりに役立てるわけです。

新しい商品を企画するとき、今までの考え方のままではいけません。なぜかと言うと、昔と今とではマーケットがずいぶん違ってきているからです。ではどうするか。「カスタマーズ視点」という言葉があります。カスタマーというのは顧客、すなわちお客さんのことです。「カスタマーズ視点＝顧客視点」で考えていくと、新しいマーケット、本当のマーケットが見えてきます。

ちなみにカスタマーの反対はサプライヤーです。サプライヤーとは供給者のこと。モノをつくったり売ったりしている側です。

これまでのモノづくりは、サプライヤー側が伝えたい情報やCM会社の考え方を中心にしてきましたが、これからはお客さんの考え方を理解していくことで、新しいものができると思います。

そして本当に理解したあとに、ターゲティングをします。ターゲティングとは、どのような人に訴えかけるかということ。私の場合は、このときに弱点を認識して弱点を利用します。これがポイントです。水族館や商品の弱点を認識して弱点を利用するということ。さらには弱点を利用して武器にします。その上でコンセプトづくりをします。ここまで考えた後に、いよいよ水族館の展示計画を立てるのです。

展示計画を考える段階になったら、メディア戦略も同時に考えていきます。メディア戦略というのは、テレビやCM、媒体にいかに出るかということです。プロモーションを成功させることをしっかり考えながら、展示計画を練っていきます。

●「天空のオアシス」というコンセプトが大ヒット

こうした手順で考えて行動した結果、「どんなものができたのか」という疑問があると思います。私が手掛けた水族館を例にご説明します。

先ほどご紹介した「サンシャイン水族館」です。東京・池袋にはサンシャインシティという高層ビル群がありまして、この水族館は、高層ビルの10階の屋上と11階にあります。とても小さい水族館です。ビルの上なので、水をたくさん使えません。大きい水槽をつくってしまうと、水が大変な重さになるんです。高さ・幅・奥行きそれぞれが1メートルの水槽を水で満たすと、水の重さは約1トンになります。

多くの水槽をつくって水をたくさん使うとビルが崩れます。高層ビルですから、地震が起こると水が漏れて下に落ちてしまいます。また、高層ビルにはすでに「梁」が入っていて、それを抜くことはできません。もちろん柱を抜くこともできないので、深い水槽は置けないんです。

それで私が考えたのが「天空のオアシス」というコンセプトです。高層ビルにある水族館に「天空のオアシス」という性格を持たせて、展示計画をつくっていくことにしました。

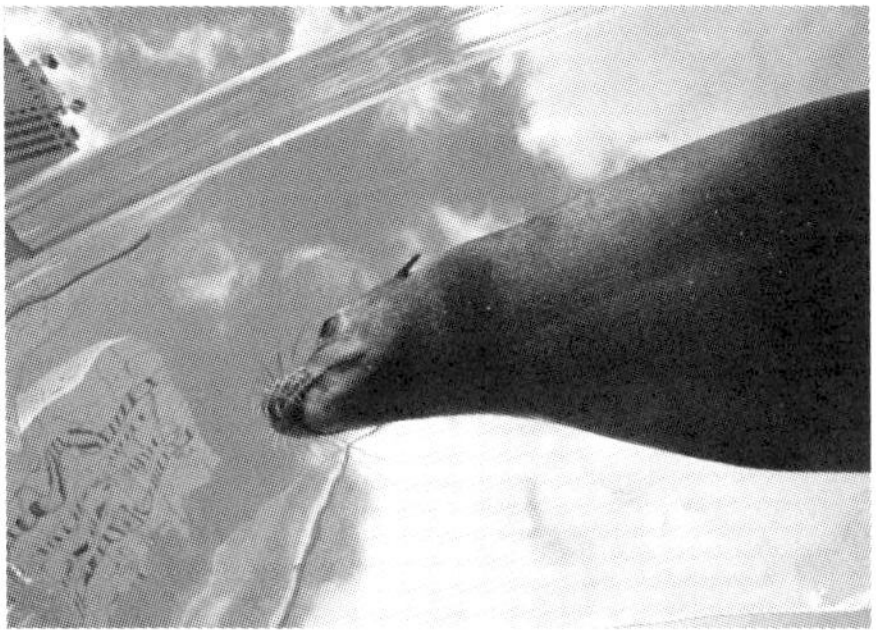

天空のオアシスらしく、エレベーターを降りるとすぐリゾート的な印象を持ってもらえるよう工夫しています。ここでは、「水塊《すいかい》」という言葉を使っています。水塊とは「海や川から景色をそのまま切り取ってきて、塊のまま水槽にしている」という意味です。

●水族館に魚を見に来る人はあまりいない

「水塊」という言葉を使ってリゾート感を大事にしているのはなぜかと言うと、水族館に魚を見に来る人は少ないからです。ほとんどいないと言っていいでしょう。

では、何を見に来るのか。実はお客さんは水族館に「水槽」、つまり「水」を見に来るんです。だから水族館で一番大切なのは「水の雰囲気」なんです。

どこまでも広がっているような海を再現することが最も大切なことです。これを再現しないことには見てもらえません。見てもらえないということは、せっかく飼育している魚の命も、もう見てもらえないということです。

とは言え、たくさんの水は使えないので、光を効果的に使うなどいろいろな工夫をして奥行きの広がりを表現しています。すごく薄くて奥行きのない水槽であっても、その奥に光と色を加えることで、本当の海が続いているように見せています。

サンシャイン水族館で一番大きい水槽は、横幅12メートル、奥行き10メートルくらいですが、実寸よりもすごく広く見えます。日本の庭造りの技術に借景というものがあって、これは周囲の景色を借りて自分の庭の一部分のように取り入れる方法のことです。この借景にヒントを得て、小さな水槽であっても周囲の景色を借りて広く見えるようにつくっています。遠近法を使ってすごく奥行きが感じられるようにしているんです。

●好奇心がたっぷり刺激される展示方法

奥行きのある水槽を見ると、いろいろなところをのぞきたくなってきますね。でも、「これを見てください」じゃダメなんです。お客さんに知的好奇心を持たせることができるように、「探してください」というスタンスで展示を計画していくことが大切です。相手に「これを見ろ」と強制しても見てくれません。お客さん自身が「何だろう」と思って興味を持ち探すことのほうが面白いと思います。

僕は今まで野生生物をいくつか見たことがあります。水族館の仕事だけではなくて、メディアの仕事も手伝っているので、アシカやクジラなどがいる場所にもしょっちゅう行きます。ジュゴンやナガスクジラと水中で出合ったことさえあります。場所は地中海でしたが、今でも印象に残っているくらい、すごい体験でした。

でも、ジュゴンやナガスクジラより、もっと記憶に残っている出来事があります。子どものときに見た、野生のウサギです。

犬の散歩をしていたとき、犬がワンッとほえたのでどうしたのかと思ったら、遠くのほうにウサギがいたんです。もう一度犬がワンッとほえたらすごい勢いでピョンピョンピョンと3回跳んで森の中に消えました。そのときのウサギを、僕はメチャクチャ覚えているんです。

ウサギの体は小さいし、遠く離れた場所にいましたから、大して見えていたわけではありません。それなのに、僕はウサギの顔まで覚えている。「ウサギってすごいな、ピョンピョンとよく跳ぶんだな」と感じたことや、その顔や姿がありありと頭の中に描けるんです。

これは動物園で象を見たときの衝撃よりも、はるかに強いものでした。僕はそのウサギを犬と一緒に見つけたんですよ。そして短い時間ながら、そのウサギの動きを見ました。

そんな体験と、動物園に行って「はいこれが象ですよ。キリンですよ。パンダですよ」って見せられるのとでは、インパクトが全然違うんです。好奇心というのが湧かないんです。けれども、見せ方によっては、実は好奇心がたっぷり刺激される場合もあります。水槽で考えれば、この魚たちはなぜ群れているんだろうとか、この揺れている花みたいなものは何だろうとかね。この裏には何かいるのかな、とか。そんな好奇心をいかに抱かせるか。大切なことの一つ目は水塊、海の中に本当にいるような気持ちにさせること。そして二つ目は、さまざまな生き物が存在する海の本当の姿を見せるということです。

●キーワードは「水塊」と「浮遊感」

「水塊」のほかに、水族館展示のもう一つのポイントは「浮遊感」です。そこで、クラゲのトンネルを造りました。

クラゲを好きな人って、あんまりいないんです。皆さんもクラゲのことを、そんなに好きじゃないでしょう。クラゲを見るのは好きだけれど、クラゲを愛している、クラゲLOVEなんて人は、ほとんどいないはずです。

大人は海で見るクラゲは嫌いなんです。海でクラゲに触ったら腫れるし痛いし、やっぱり嫌です。

ところが水族館では見たいわけです。なぜでしょう。

実はみんな、クラゲが見たいのではなく「浮遊感」が好きなんです。浮遊感に憧れていると言っていいくらいです。全国の水族館を見ていると分かります。クラゲの中で最も人気が高いのは「ミズクラゲ」ですが、ミズクラゲぐらい面白くないクラゲはいません。日本には、もっと足が長くて色がきれいな「アカクラゲ」がいます。「ハナガサクラゲ」といって、花笠のようにさまざまな色がついたクラゲもいます。非常に大きいクラゲもいます。けれども、そういうのを展示してもダメで、ミズクラゲが一番人気です。フワフワしているからいいんです。最もフワフワ感が見えるのがミズクラゲだから人気があるんです。

このことから、人はクラゲを見に行っているんじゃなくてクラゲを通して水の存在、水の浮遊感を見に行っているということが分かります。だから水族館の展示を考えるときには、「浮遊感」をキーワードにしながら考えていくわけです。

●川魚のコーナーに人気がない理由

もう一つ、お客さんを観察していて気づいたことがあります。サンシャイン水族館には、日本の川の水槽があります。けれども、あまり人気がありません。これはどこの水族館でも同じです。日本人にとって水族館というのは海とセットであって川とセットのものではないのです。

こういうとき、僕は常に考えるんです。お客さんはなぜ見ないのか。どこの水族館に行っても見ない。その理由が、最近だんだん分かってきました。

日本の川には特徴があります。日本の川は透明で、短くて、幅が狭い。そばに橋がいっぱいある。ということは、水族館に行ってわざわざ水中を見なくても、橋の真ん中に行って下をのぞいたら、いくらでも魚が見えるわけです。だから、わざわざ水族館で見る価値がないと思っているんです。川の展示を見ているくらいだったら海の展示のほうが見たい、と思うのが日本人です。

けれども、例えば中国人は違っています。中国の水族館というのは、水槽の水面が低いんです。特に川の水槽は水面が低くて、上から見ることができます。それで中国人はみんなそれを上からのぞき込んで見ています。

水族館では、お客さんは絶対水中が見たいはずだと思いがちです。ところが中国人は川魚の展示を上から見て満足している。その様子を見て、僕は「ああこれ、やっぱり自分の理論が当たっているな」と思いました。日本語が分かる中国人に「もしかして中国の人って、透き通っている川を見ると、上からのぞきたいの？」と尋ねたら、「絶対見たいですよ、中国にないですから」という返事でした。やっぱりそういうことなんです。中国の人たちは、透き通っている川や池を見る機会が少ない。なぜなら中国の川は濁っていることが多いからです。だから上からのぞいて、川の中が見えるということに対して、すごく好奇心が湧くんです。

●水の清涼感が伝わる展示に

日本人が川魚の水槽に好奇心が湧かないのは、橋の上から川をのぞくと、魚や川底がいつでも見える環境が近くにあるからです。

ではどうしたらいいのか。キーワードは「浮遊感」です。水には色が付いていないので流れが分かりません。分からないものを分からせるようにするために、川に水草を入れるのはどうでしょう。ここで大事なのは流れる水草、フワフワする水草です。これにも「浮遊感」があり「水の流れ」をつくります。川の上流から下流まで水が流れていくと、川の中の水草がうねります。それを見るだけで「ああ、見たかった景色だ」と思うはずです。そうすると魚のことも見るんです。そして水中の「清涼感」も味わってもらえるわけです。

●アシカが空を飛んでいるように見える演出

もう少し、お客さんの心理について考えていきましょう。

夏になると水族館の入場者数が増えます。外が暑いから涼しげなところに行きたくなるんです。涼しい気分になれる場所は、水族館か滝か海なんです。

そこで僕は、サンシャイン水族館に「天空のアシカ」というコーナーをつくりました。見上げるほど高い位置にアシカの水槽を設置して、お客さんが水槽を下から見上げると、アシカが空を飛んでいるように見える演出をしたのです。

それまでのサンシャイン水族館の屋上には、一人として行きませんでした。夏は炎天下で暑すぎるからです。

まず緑化をして涼しげに見せました。そして「天空のアシカ」という水槽コーナーをつくったんです。なぜこうしたかと言うと、サンシャイン水族館は収容可能人数が少なかったからです。

ラッコという生物が珍しかった頃、サンシャイン水族館の入場者数は150万人でした。ギチギチに入れて150万人です。でも、せっかくリニューアルするので、もっとたくさんのお客さんを入れたかったんです。どうしたらいいか。僕はビルの屋上に目をつけました。屋上がすごく広かったからです。お客さんが入る場所として、屋上は全体の半分以上ありました。そこを使えば今までの倍は入りそうだ、と。この考えは当たりました。リニューアルオープンは8月1日でメチャクチャ暑い時期でしたが、たくさんの人が屋上まで出てきてくれました。昔と変わらず、同じように暑いんですよ。でも緑があって、天空のアシカが泳いでいるだけで清涼感が心地よくて外へ出てきてくれるんです。

実は2017年7月にオープンする展示では、「天空のペンギン」をつくっています。ペンギンが本当にすんでいる場所と草原を再現したのです。これでまたお客さんが増えそうです。【注】講演は2017年5月26日実施。

●滝つぼの底が見える、世界初の水族館

もう一つ、集客の成功事例をご紹介しましょう。北海道にある「北の大地の水族館」です。

ここは、年間2万人しか訪れない小さな水族館でした。しかもこの水族館には川の水槽しかないんです。先ほど、「川の水槽は誰も見ない」と言いましたが、ここには川魚を見せる水槽しかない。しかも川の水槽の中の半分が北海道の魚でした。北海道の川の魚は、ほぼ、サケです。イトウもサケ。マスもサケ。お客さんからすると、これはすごく悲しいんです。あとは、ペットショップでも買える熱帯魚しかいない。そんな水族館でした。

そんな水族館に人が来るわけがなかったんです。だから魚や川を展示するのではなく、北海道の内陸部を展示しましょうと僕は提案しました。そしてまず、滝つぼをつくることを提案しました。

ただの滝つぼではありません。滝つぼを下から見上げた水槽、滝つぼの底が見える、世界初の水槽にしました。

実は日本の川の魚は見てもらえないと言うので、僕は以前にもいろいろな工夫をしてきたんです。

最初は鳥羽水族館で巨大な滝をつくりました。日本人はみんな滝が好きだから見たいだろうと考えたのです。確かに喜んでくれたのですが、お客さんは「うわっ、滝や！　ほんまもんみたいや！　すごいな！」と言って滝だけを見て、魚を見ずに帰ってしまいました。

これではいけません。

そこで今度は新江ノ島水族館で、魚がジャンプして登っていく水槽を展示・開発しました。これは結構見てもらえました。けれどジャンプする時間が限られているので、みんなに見てもらうことが難しかったのです。

そうして「北の大地の水族館」で考えたのが、上から落ちてくる滝の水中を見るというアイデアです。日本の滝にはいろいろな伝説がありますよね。竜神さんがいるとか、女神がいるとか。「いったいどうなっているんだろう」と思って滝つぼの底をのぞくだけで、みんなの知的好奇心がガンガンかき立てられるんです。しかも滝つぼの中というのは美しい。落下してくる水の勢いで生まれる白い気泡によって、水の存在感が出ます。

●世界一のイトウの水槽

滝つぼのほかに「イトウの大水槽」という展示ができました。

イトウは成長すると体長が2メートルにもなります。普通の水族館では80センチか90センチくらいまでしか成長しないのですが、水質が良かったのか、1メートル50センチの大きさになりました。そこで、これを世界一のイトウの水槽にしようということで、北海道の湖らしい幻想的なイメージの大きな水槽をつくりました。

●世界初「表面が凍っている水槽」の誕生

　さらに、もう一つ有名になったのが、北海道の寒さを見せている川の水槽です。これも世界初の水槽です。

　実は、この水族館はとにかくお金がなかったため、大きな水槽が二つしかつくれませんでした。でも、もう一つ欲しかったんです。それでどうしたかと言うと、外に穴を掘ってガラスを入れただけの水槽をつくりました。

　それだけではただの池なので、ちょっとお金を奮発してもらい、水流をつくることにしました。そして、この水流を魚がさかのぼっている様子を観察できるようにしました。

　これだけではありません。この水族館がある北見市の温根湯は、メチャクチャ寒いところなんです。冬は外気温がマイナス20度。それは北海道の人でも驚くほどの寒さなんです。マイナス20度が1年間に20日間ぐらいあるのですが、せっかく外につくったので、冬はこの川の流れを止めました。そうすると水槽の表面が凍ります。世界初の「表面が凍っている水槽」の誕生です。

●北海道の寒さを見せる

表面が凍っていても、氷の下に魚がいることが分かるような建物の構造にしています。氷の厚さは7～8センチになります。その氷の下には魚が生きています。全然元気がないですが、彼らは春になるまで体力を温存して半分眠って生きている。そういう姿を見ることができる世界で唯一の水槽です。

北海道の中心部から離れた場所にある非常に小さな水族館に、ほかの水族館では見ることができない光景があることを知ってから、お客さんが来てくれるようになりました。これは「北海道の寒さを見せている水槽」なんです。あるいは「北海道の氷や雪に閉じ込められた生活」を見せている水槽なんです。北の大地そのものを見せて展示している水族館なのです。

魚を展示しているのではなく、北の大地の冬を展示している。すごくきれいで幻想的です。冬になり雪が降り始めるとお客さんは減るんですが、この水槽が凍ったと聞くと、お客さんが一気に増えるようになりました。

●魔法の温泉水で魚まで美しく変身

人気の秘密はほかにもあります。かつての温根湯はすごく栄えた温泉地でした。でも今は、温泉旅館が三つしか残っていません。ここは予算が少ない水族館なので、ボイラーでお湯を沸かすのがもったいないと、閉鎖された温泉旅館の温泉水を使って魚を育てました。

するとどうしたことか、魚がすごくきれいなんです。傷一つありません。ピラルクやアロワナは、ケンカをしてウロコが外れるんです。よその水族館では、五つも六つもウロコが外れて真っ黒になっているものがあります。

ところがこの水族館のピラルク

は、ひとつも黒いところがないんです。ケンカをしてウロコが外れても、1カ月ぐらいで再生するんです。温泉水のおかげでしょう。そこで僕は、これを「魔法の温泉水」と名付けました。魚の肌を再生させる魔法の温泉水。すると水族館だけではなくて、温泉旅館のお客さんも増えました。温泉が有名になってお客さんが増えたら、温泉旅館と水族館の両方に来てもらえる、そういう仕組みをつくりました。魔法の温泉水が、水族館にも温泉旅館にもお客さんを呼び込んでくれたのです。

2 大事なのは「生きていくための教養」

●水族館の客は誰か

ここでお話ししたいのは、今までの水族館・博物館づくりでは、お客さんのことを考え違いしていなかったか、ということです。

僕が関わった水族館の入場者数がなぜ増えているのかと言うと、お客さんのことを的確につかんでいるからです。水族館のお客さんは、どんな人だと思いますか？　動物園は子どもが中心です。子どもを含むファミリーがお客さんです。水族館も同じように、お客さん＝ファミリーと思っている人が多いんです。

けれども、これは間違っています。水族館にはファミリーのお客さんなんて、ほとんどいません。お客さんの中に子どもはほとんどいないのです。

確かに動物園は子どものお客さんばかりです。動物園の入場者を調べてみると、大人と子どもの割合が5対5です。では、水族館はどのくらいでしょうか？　古くてあんまりお客さんが入ってない水族館が大人7対子ども3。お客さんがたくさん入っている水族館は8対2。僕がつくる水族館は8・5対1・5。北の大地の水族館もこの比率です。

お客さんがたくさん入れば入るほど、大人の割合が増えてきます。そしてお客さんが少ない水族館でさえ、動物園の5対5に対して7対3なんです。大人のほうが多いんです。ちょっとびっくりでしょう？

でもこれは当然なんです。いまの子ども、小学生以下は人口の1割しかいません。大人と子どもは9対1なんです。このことを、みんなすっかり忘れてしまって、動物園のお客さんと同じように考えてしまうんです。

●水族館で子どもたちに一番人気がある生き物とは

水族館は大人が来てくれるところです。この事実を発見したとき、「大人を増やしていかなくちゃ損だな」と思いました。

水族館がターゲットにするお客さんは「子ども」ではなく「大人」である。このことを発見するキッカケとなったのは、子どもたちへのアンケートでした。僕は子どもたちに「あなたはこの水族館の誰に会いに来ましたか」とアンケートで尋ねたんです。

当時、鳥羽水族館にはラッコもイルカもいて、アシカショーもやっていて、ジュゴンも有名でした。だから、この中のどれかを書いてくれるだろうと思っていました。ところが子どもたちの答えは全然違いました。1位カメ、2位ペンギン、3位サメ。帰るときにもアンケートをとり、「何と会ってうれしかったですか？」と尋ねました。そうしたら、1位は変わりなし、やっぱりカメ。2位は変わってカエルです。3位がペンギンでした。

動物園だと、おそらく象やキリン、ライオンなどが出てくるのではないでしょうか。上野動物園（東京都）だったら絶対パンダが出てくるし、東山動植物園（愛知県）だったらコアラが出てくる。行く前からすでに、会いたい相手が決まっているんです。

このアンケートを見て「これは、あかんわ」と思いました。子どもの入場者数をできるだけ多くしましょうと言っていたら、絶対動物園に負けるからです。キリンや象に対して、カメとカエルで戦わなくちゃいけない。こんなの負けるに決まっています。しかも、カメもカエルもペンギンも、動物園のほうにもいます。水族館のお客さんは、絶対に大人を狙わなくちゃいけないと、本当に思った瞬間でした。

よく考えてみたら世の中は大人のほうがはるかに多いわけです。大人を増やすことによってお客さんは増える。こういうことを考えていかないと、観光施設や集客施設というのは人が集まらないのです。

●楽しむだけだったら、人が来なくてもいいという考え方

でも「人を集めて、たくさんの人に見てもらわなくちゃいけない」という考え方自体に、

異議を唱える人がいます。

博物館や水族館というのは教育施設だから、教育が大切なのであって、教育できないような、楽しむだけのものはダメだという考え方です。驚くことに、楽しむだけだったら人が来なくてもいいという意見がすごくあります。日本全国の学芸員を教えているほとんどの講座が、この考え方だそうです。

博物館や水族館は教育のためになることを教えなくちゃいけない。例えば日本動物園水族館協会が唱える四つの役割はこうです。「種の保存」「教育・環境教育」「調査・研究」「レクリエーション」。こんなもの、大間違いだと思います。

●大事なのは学問じゃない

そもそも最初から間違っています。動物園・水族館・博物館は学校教育施設ではないのです。動物園・水族館は社会教育のための施設なんです。学校教育と社会教育は目的が違います。文部科学省を見れば分かります。学校教育局と生涯学習局の二つに分かれています。

学校教育というのは、学科を教えるところです。だから理科教育があります。いっぽう、社会教育は何のためのものか。社会教育というのは、学生や子どもを教えるものじゃないんです。これは国民の教養や知識を高めるために存在するのです。大事なのは学問じゃない。知識や教養なんです。教科じゃなく教養なんです。

小学校でも中学校でも高校でも大学でも、知識として教科を教えてもらっています。けれど大事なのは、生きていくための教養です。人と付き合うための教養。外国の人たちと付き合うための教養。社会をつくっていくための教養。これを育てるのが社会教育なんです。

それなのに博物館や水族館は、社会教育をやっていない。特に水族館の学芸員は理科を教えたがります。魚の見分け方を教えたがる。魚の生態を教えたがる。それは大間違いです。

●社会をつくっていくための教養を育てる

僕は、博物館や水族館は大人向けの展示をしなくちゃいけないと考えています。社会教育であり、国民の教養であり、国民の9割が大人だからこそです。そして大人向けの展示をすれば大人がたくさん来てくれるので、たくさんの教養を提供することができます。ここがすごく大事です。社会教育をする相手というのは大人です。大人とは何かと言うと、一般大衆のことです。

水族館は大衆のために、教養や知識を供与する役割があります。魚の生態や見分け方を教えても全く意味がありません。では、何を教えるのか。そこについてまわる、さまざまな情報を伝えるのです。

展示物というのは情報です。例えば1個のつぼを置くとします。このつぼの模様は縄文時代の模様です。この頃こんなことが流行しました。このつぼの先が尖っているのは、土に埋めて周りに火を燃やし調理器具として使っていたからです、とか。そういう情報がないと展示物の意味がない。ただの美術品になります。

だからといって大衆の皆さんは、例えばそのつぼの作り方を全部知りたいとは思わないでしょう。あるいはその模様によって年代が違うと言っても、それを覚えたい、知りたいとは、あまり思わないかも知れません。

例えば縄文人はなぜそんなつぼをつくったのか、これでいったい何をしていたんだろう。

「〇〇〇について知りたい」と思うことこそが教養です。展示物の時代の見分け方なんて学芸員が知っていればいいんです。研究者が知っていればいいんです。それを教えようとするから誰も博物館に来なくなるのだと思います。

それはどんなふうにして使っていたのか、どのくらい大事なものだったのか、ということについてなら、みんな興味があるんです。実際に、博物館はそういった展示方法に変わってきています。使い方や作り方、それによってどんな出来事があったのか、そんなエピソードが面白い。すでに博物館は変わってきているんです。

●大切なのは、大衆に興味を持たせること

ところが、情けないことに水族館は変わってきていません。「魚をいかに見せるか」といった、間違った展示をしています。大衆に興味を持たせるということがどれだけ大事かということを、分かっていない。しかも、できるだけたくさんの人を呼ばなくちゃいけないということも分かっていない。

魚でもイルカでもアシカでも、命を預かっているわけです。彼らにとって水族館なんて

迷惑なものでしかありません。種の保存のために、研究のために、子どもの勉強のために、教育のために飼われているんだったらそんなかわいそうなことはないと僕は思います。展示というのは、見せることによって伝えることです。何を伝えるのか。情報を伝えるんです。

●展示物は「情報」である

情報を伝えるときに、社会教育や教養・知識の本質が分からない人たちは、水槽にいる魚について、いっぱい解説文を書いてしまいます。でもそれを全部読む人は、1万人に1人もいないでしょう。なぜかと言うと、本物のほうが面白いからです。

情報は伝わって初めて情報になるのです。伝わらない情報はただのデータにすぎません。だから、読んでもらえない解説文というのは、ただのデータです。

展示物は情報であり、情報は教養を与えるもの、教養として使えるものでなくてはいけません。この考え方がすごく大事です。ここを間違えてはダメなんです。そして情報はまず伝えることが大事なのです。

●大衆文化の拠点として

日本の水族館では学芸員の人たちは、「水族館は遊びじゃないんだ、レクリエーションじゃないんだ」と言います。しかしヨーロッパでは、水族館は大衆化されています。博物館・美術館・動物園・水族館などはすべてヨーロッパで生まれて世界に広がりました。これらはすでに大衆が自分たちで運営をして自分たちで楽しめる場所に変えているんです。これをマスカルチャー、大衆文化と言います。

いっぽう日本の美術館や博物館は、子どもの団体しか来ていません。ほとんどが学校団体です。これは、教育の場所になっているからです。日本では美術館もまだまだハイカルチャーなんですよ。

外国映画を見てください。「007」とか「ミッション：インポッシブル」とかスパイ映画を見たら分かります。スパイが何かの交換や渡し物をするとき、使われる舞台はほとんど美術館です。スーツ・全身黒ずくめ・サングラスのいかにもスパイっぽい人と、革ジャン・サングラスをかけた人がすれ違って、柱の陰で何かを渡し合う。それで何もなかったように去っていく。このシーンは大体美術館の中です。もし日本の美術館でやったら、「何かおかしいぞ、この人たち」って、入館した時点でばれますよね。

映画でこういう場面があるのは、アメリカの博物館・美術館だから。誰が行っても誰がいても不思議じゃない場所になっているから。これが大衆文化です。そして大衆文化の中でこそ社会教育ができます。しょっちゅう行ってくつろげるからこそ、いろいろな情報が入って来て知的好奇心を持つことができます。

●デートで使うだけでかまわない

こんな考え方で展示施設づくりをしていけば全く違ったものになって、お客さんが途切れないものになります。それがあの「サンシャイン水族館」や「北の大地の水族館」です。デートに使うだけでかまわないんです。中には「デートのために使うものをつくっているんじゃない！」という学芸員もいます。でも、デートであろうが何であろうが来てもらったら、何かを伝えることができますよね。とにかく見てもらわないと、何も伝わらないのです。

水中の世界を分かってもらえたら、それでいいんです。そういう世界があるんだと知ることが大事なんです。水中がどんな世界なのかを想像できない人が多いから、それが想像できるチャンスが1回でもあるだけで、もう全然違います。

●自分たちは何を提示することができるかを考える

お客さんは大衆であると考えること、展示物は情報だと考えることが、すごく大事なことです。さらに、情報にはいろいろな種類があると考えなくてはいけません。例えばサンシャイン水族館では水中の美しさや多様性を表現しました。北の大地の水族館では北の大地の自然、北の大地の四季、そういったことを水槽から伝えるようにしました。

そのように、「いったい自分たちはここから何を提示することができるか」ということを考えなくてはいけないんですね。

分かりやすいのは、美術館の絵の展示です。いったい何を展示しているんだと思いますか？　絵の基本なのか、絵そのものの価値なのか。美術を学んでいる人にとって美術館の絵というのはたぶん技法であり、その美術の鑑定法を学びに行っています。それはどちらかと言うと学校教育の範囲です。

●私たちは美術館に「作家の心」を見に行っている

人々は美術館で何を見ているかと言うと、その絵を描いた人、例えばピカソやゴッホの感性を見ています。作家が伝えたかったもの、あるいは作家が無意識に込めた思い。それを探して、感銘を受けているんです。我々は美術館に、作家の「心」を見に行っているわけです。

「情報をつくるときに何が大事か」ということも同じです。知識やデータではなく、心なんです。「これを展示するときに何を伝えたいか」という心。その心が大事なんです。それさえあれば、あとは伝えたいものが伝わるような展示をしなくちゃいけない。これは商品づくりにも、おそらく同じことが言えます。水族館にも集客についても同じことが言えます。

3 弱点こそが武器になる

●寒さが売りになる

僕は北の大地の水族館で北海道の寒さを展示しました。けれども、僕が「凍る水槽」をつくるまで、この地域の人は自分たちの町の寒さを弱点としか思っていませんでした。とにかくこの地域は寒すぎて、本当に人が来ない。来ない理由が自分たちでも分かると言うんですよ。「この寒さがなかったら、どれだけ温根湯にお客さんが増えたか」と、地元の人に切々と言われました。

だから、僕が「その弱点を生かしましょう!」と言ったら、当然反対されました。「いやいや、こんなの生かせません。克服するのにもお金がかかる。なんともできません」の一点張りです。

そこで僕は、「生かせます。なぜかと言うと、面白いからです」と言ったんです。本当に、面白かったんです。どのくらい面白いのか。それは、ここの温泉に行くと分かります。

温泉に行って露天風呂に入っていると、お湯に浸かっているのに髪の毛が凍るんですよ。温泉で髪の毛が凍る。そんな経験、したことないでしょう。帯広では絶対ない。でも、温根湯ではあるんです。

体はポカポカ、頭は凍る。そんな温泉は日本で温根湯ぐらいです。だから、凍る水槽をつくりました。そうすると、寒さが売りになりました。

温根湯の寒さは、北海道屈指です。温根湯と比べると、札幌や函館でさえ非常に暖かい地域になる。だから、札幌や函館の人たちが「面白い」と言って来てくれます。札幌から片道5時間かけて、函館からは8時間ぐらいかけて来てくれるんです。東京からもわざわざ来てくれるんです。

●すごく嫌な弱点は魅力になる

すごく嫌な弱点は逆に魅力になります。温根湯に住んでいる人たちはさすがにこの寒さは嫌でしょう。でも住んでいない人にとっては、こんなに魅力的なことはありません。

ここで、ものの見方を自分の目じゃなくてカスタマーズ視点、お客さん側の目で見てみましょう。そうすれば、今まで「これはないだろう」と思っていたものが「あり」になる。逆に、強みだと思っているものは、なかなか強みにならないことも分かります。

例えば四国だと、地元の人は瀬戸内の海の幸をすごくおいしいと言います。この辺のアナゴは最高とか、生シラス最高とか。けれども同じことを小豆島でも岡山でも広島でもほかの地域でも言っています。「広島のカキのほうが有名」とか、「宮城のカキのほうが断然うまい」とか。

自分たちが魅力だと思っているものでも、上には上がいて、なかなかトップをとれないということを自覚することからスタートです。だからこそ、弱点に目をつけるのです。どちらかと言うと弱点、ひどいところを生かしたほうが、トップをとりやすいのです。なぜなら誰もそこで戦おうとしないからです。

例えば横綱相撲をとる力のある人は、土俵の真ん中で戦います。端っこで戦わなくていい。けれども力のある力士の中で、横綱になるのは大変です。

それよりも、「土俵際の魔術師」などと称されて、時々すごい技で勝っている力士のほうが、人気が出ることもあります。横綱ではない人は、違うことで目立ったほうが人気が出るわけです。

●勝つためにはどうすればいいのか

何かで1位をとることは、本当に大変です。勝つために、弱点をどう生かせばいいのでしょうか。それは常に「大衆はどうなのか?」を考えていくこと。カスタマーズ視点で考えていくことです。

例えば三重県の伊勢神宮。これに勝るものを今からつくることはできません。なぜならそこには歴史的な積み重ねがあるからです。京都にはたくさんのお寺があり、いまさらよそで同じような町はつくれません。ディズニーランドやユニバーサル・スタジオ・ジャパン。こういったものは四国に誘致できません。東京や大阪だから誘致できたんです。

伊勢神宮をつくれないし、京都にもなれない。そしてディズニーランドもユニバーサル・スタジオ・ジャパンも誘致できない。だったらどうしたらいいのか。北の大地の水族館のような選択をするのが、僕はいいと思うんです。

●伝える力を持つこと

常に「大衆は何を求めているのか？」を考えながら弱点を生かし、そこからいろいろなものを伝達し展示して、情報を大衆に伝えることができるようにする。そうすると非常に文化の香り高い集客ができるはずです。

僕は観光施設というのは、一種の「媒体」だと考えています。媒体とは、メディアのことです。テレビや雑誌のようなもの。観光施設は情報を発信するメディアなのです。

大事なのは、観光施設自体がメディアになれるかどうかです。発信できる存在になることと。情報を発信して伝える力を持つこと。水族館の展示というのはまさしくそうなんです。魚の情報だけじゃなくて、北の大地・北海道の気候や暮らしを伝える。媒体としての力、メディア力を持つことです。それがすごく大切なんです。

●大衆それぞれが媒体を持つようになった

メディア力はいま、どんどん変わってきています。昔は、映画に出たものが瞬時に売れたんです。ジェームズ・ディーンがバイクに乗ってコーラを飲んだら、バイクとコーラが全世界で売れた。つい最近までそうでした。

映画の次はテレビです。テレビでこれはすごいって言うと、みんながそっちを向く時代になりました。

ところがこれもどんどん変化しています。媒体が大衆化しているからです。SNS（ソーシャル・ネットワーキング・サービス）に代表されるように、大衆それぞれが媒体を持つようになりました。

今はSNSを使って情報発信するだけでお客さんを増やしている水族館もあります。媒体が多様化しているので、大きなキャンペーンを張らなくてもいい、お金がかかっていなくてもいいんです。小さな企画であっても、媒体の使い方や自分の媒体力によって、多くのお客さんを集めることができます。そしてお客さんが集まったら、新しい社会をそこからつくることができるんです。人が集まったところから新しい文化が生まれるからです。

大事なのは、博物館や水族館が媒体力を持ち、情報を発信していくこと。その力が人を魅きつけ、新しい文化を生み、豊かで新しい社会を生み出していく原動力になるのです。

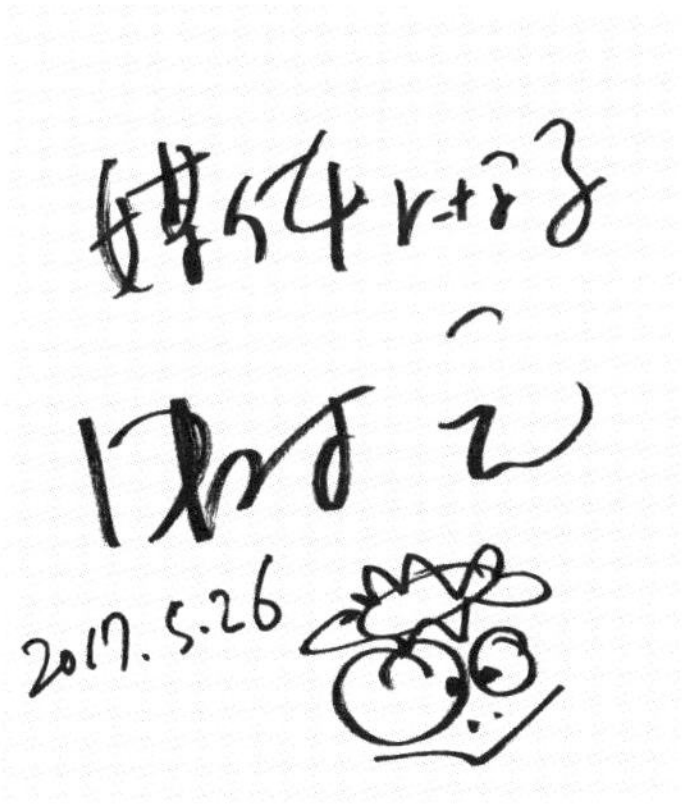

2017年5月26日講演
中村 元氏

〈鼎談〉

1

人気のある水族館はどのようにつくられるのか

中村 元
水族館プロデューサー
集客再生コンサルタント

濱田 宣
徳島文理大学文学部長

桐野 豊
徳島文理大学・
徳島文理大学短期大学部 学長

●常識を疑え

濱田　一般社会に出て、あるいは人生においてすごく教訓になることがたくさんあるお話でした。自分が「これって不思議だなぁ」とか「面白いなぁ」と思ったこと。それを伝えることが、結果的にみんなに楽しんでもらえるものになるのだというふうに気づきました。

研究者になぜそれができないかと言うと、当たり前だと思っているからですね。こんなことはいちいち言うことじゃないと思い込んでいます。こんなことも分からずに見るものじゃないというような、誤った誇り高さがあったんじゃないかと思いました。

ところで、自分の弱点はなかなか分からないと思います。マーケティングというお話がありましたが、自分がお客さんの目線になって考えるためには、どういうふうにしたらいいのでしょうか。

中村　お客さんの目線になって考えることについて、いくつかの方法を採ってきました。例えば、お客さんの後ろをずっとついて行く。別名ストーキング調査、行動調査とも呼んでいました。ずっとついて行くだけでいいと思うんですね。一人のお客さんがお金を払って入ったところから出るまでついて行く。結構いろんなところでやっています。専門学校の学生には、全員にそれをやってもらっています。

中村 元氏

そうした調査を基にして、サンシャイン水族館で今どの水槽が一番人気があるのかというのをデータにするんです。自分でやるのが一番面白いですね。そうするとあっと驚くようなことが分かるんです。そんな調査をすると、自分の常識が非常識だったことに気付きます。

濱田 宣氏

例えば水族館で、お客さんはすべての水槽を見ていると思いますよね。ところが、半分も見ていないということが分かってびっくりしました。さらに時間としては、入ってすぐのところにある水槽を見る時間が非常に長くなります。後のほうはどんどん短くなっていくんです。なぜかと言うと、お金を払ったばかりだから「もとを取らなくちゃ」と最初の水槽はよく見ようとするんです。でも、最後のほうは時間がなくなってくるわ、疲れてくるわで、どれだけ立派なものを置いてあっても、見る時間が少なくなります。これが本当のことです。

僕が常識を外れているんじゃなくて、真実を見つけたら今までの常識とは違うものだったということです。

●自分自身が必ず試してみる

中村　顧客視点を持つためのもう一つの方法は、自分が興味のあるものについては、自分

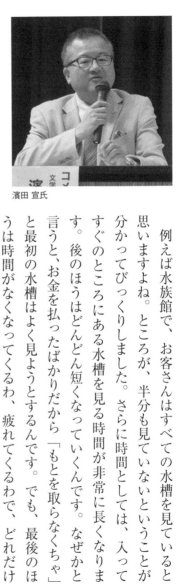

自身が必ず試してみるということです。水族館に行くときに、僕は必ず自分でお金を払います。どこの水族館にも大体知り合いがいますし、『全国水族館ガイド』というシリーズ本を書いていますから、タダで入れようとしてくれます。でも、僕はしません。必ずお客さんを装って自分でお金を払います。なぜかと言うと、そのお金に見合うかどうかを自分でチェックしたいからです。

入場料2000円は高いか。果たして2000円の価値があったか。自分でお金を払い、そして絶対に案内してもらわずに見ることにしています。

桐野 豊

水族館に限らず、すべてこの方針で動いています。視察はそうしなくちゃいけないというのが、僕の考えです。

あと、視察に行くときには友達なり彼女なり家族なりを必ず連れていくようにしています。そうすると金額が違ってきます。2000円の入場料でも家族5人で行くと1万円になります。さて、1万円の価値があったかどうか。もっと言えば子どもは全然違うところを見るわけです。彼女もしくは奥さんと一緒に行くと、その人は違うことが気になるんです。トイレがなぜあんな遠いところにあるのとか。それは自分自身がプロだから気づかないことなんですよね。

この二つのことを、僕は心がけています。お客さんを観察することと、興味があることはとにかく自分で試してみること。ゲームや本でもそうです。手に入れるときに必ず自分のやり方で手に入れる。そしてみんなと楽しむということをしていれば、本当のことが見えてくるんじゃないかと思います。

●館長との戦い

桐野　これまで一番苦労したことは何ですか。特にどの水族館で一番苦労されましたか。

中村　一番苦労するのは水族館の館長との戦いです。これも面白くて、日本以外の国では大体専門分野があるんですよ。館長は館長で水族館の運営のトップです。特にアメリカの館長だと、お金、つまり寄付を集めてくることができる人が偉くていい館長です。どんな水族館をつくるかという計画を持ってお金を集めてくる人。そしてスタッフを上手に使う人。この人が必ずしも魚の専門家でなくてもいいし、しかもその新しい計画に関しては僕のような水族館プロデューサーみたいな人をどれだけ知っていて、その人をいかにうまく使うかということを考える。館長の仕事というのはトップの仕事であって、具体的な展示を考える仕事じゃないんです。

ところが日本では長になると何でもできなくちゃいけないみたいになっています。館長が、今まで僕がやってきた展示の方法と違うことをおっしゃるときは抵抗します。今までと同じことをやっていたら、お客さんは増えないんですよ。だから、どうしても戦いが起こるんです。館長自身が自分の地位が脅かされていると思うくらいの戦いです。今までつくってきたヒエラルキーがなくなっちゃうんです。

最初はこんな戦いが本当につらかったです。でも今では、最初から館長と取りあえず一戦やり合っておいて、勝っておくか、あるいは館長を無視して他の人たちの意見をどんどん吸い上げてヒエラルキーを崩すか、どちらかです。日本の組織ではそれが一番大変です。

●海の水族館構想の実現性

桐野　ところで瀬戸内の穏やかな海を生かして、海全体を水族館にするというアイデアを口にする人もいますが、このことについてはいかがでしょうか。

中村　海全体を水族館にするとか、海にトンネルをつくるのが一番いいんじゃないかという話があるんですけど、これは非常に厳しいです。水中を見たときに海ほど濁っているところはないからです。水族館の水のほうが海よりもはるかにきれいです。豊かな海ほど汚れています。プランクトンがたくさん浮いているし、透明度がないんですね。だから海にトンネルをつくるのは、実際には非常に難しい。もし海にトンネルをつくったら、毎日誰かが潜ってそのトンネルを磨いていなくちゃいけません。海は豊かなので、それぐらい早く藻が生えます。もしそれを考えるのであれば、公園ですね。海の公園であれば、なんとかやっていけるでしょう。

ただ、水中を見ることができないと「海の公園」にはなりませんよね。そうしたときに沖縄に負けるんです。つくったら面白いけれど、つくった途端に経営がうまくいかなくなって終わっちゃうということがありそうです。

●鳥羽水族館の舞台裏

桐野　鳥羽水族館ではどのような工夫をされていたのでしょうか。

中村　実は鳥羽水族館も僕が展示・開発の責任者でした。超巨大水族館をつくるにあたって、鳥羽水族館には一つ弱点がありました。生物が多すぎたんですね。ジュゴンにラッコにイルカにと。結構有名な生物も多くいて、かえって特徴のある水族館ができないなと思ったんですよ。

そこでどうしたかと言うと、ゾーンの一つ一つを小さな水族館に見立てて、各ゾーンに1個ずつメインの水槽を入れるという方法を採ったんです。

それと、順路を設けずに自由に好きなところに行っていいことにしました。混んでいるときは、先にほかのゾーンに行けるという展示の仕方は楽しみやすく、皆さんに感動してもらえました。ゾーンをいくつか回ったあと、もう一回行きたいところに行けるからです。

このアイデアは、お客さんが全体の半分くらいの水槽しか見ていないということが分かったことから生まれました。そうしたら「どのゾーンへ行ってもすごく良かった」という結果がついてきた。あらゆるタイプの人がいて、どこかのゾーンだけでも良いと思ってくれたらそれでいいと思ってつくりました。だから大体の方が満足してくださるんじゃないかと思います。

桐野　水族館をつくるにはずいぶんお金がかかるということで、水族館全体の費用で貴重な動物、例えばジュゴンなどというのはどのくらいの割合を占めるのでしょうか、という質問を会場からいただいています。

中村　昔の例で言うと、鳥羽水族館のジュゴンは買うんじゃなくて捕りにいくから大変なんです。捕るのに手間取ると、何十億円とかかってしまうんです。でも、これからの水族館はそういう貴重な生物は展示しなくていいんじゃないかなって思うんです。もうそういう時代じゃないと思います。例えばサンシャイン水族館って、珍しい動物はそれほどいないんですよ。美ら海水族館もそうです。全部沖縄の海でとれる魚ばかりです。サンシャイン水族館には南極ペンギンなんかいなくて、普通のケープペンギンやアシカぐらいだから、お金はそんなに必要ないんです。

今はイルカなどの値段が上がっているんですよ。なぜかと言うと、中国の水族館が珍しいものとか変わったものが欲しい時代だからです。北極海のシロイルカやシャチなどを、中国の水族館では多く入れています。中国はお金を持っているので値段もバンバンつり上がっています。なおさら今の日本では手に入れにくくなっています。でも日本は、もう貴重な動物というのは必要ない時代になっているんじゃないかと思います。

第2講座〈講座ダイジェスト版〉

下町ボブスレー

大田区の夢と想いをカタチに！
小さな町工場の職人たちがつかんだ未来への道

株式会社マテリアル 代表取締役
細貝 淳一

1　ものづくりの力を世界に発信

●職人たちの夢と誇りの結晶「下町ボブスレー」誕生

皆さんは「ボブスレー」という競技をご存じですか。

ボブスレーは冬季オリンピックの正式種目であり、欧米では人気と伝統のあるスポーツです。時速130キロメートル以上のスピードでソリを滑らせるため「氷上のF1」とも呼ばれ、スリルと迫力が楽しめる競技です。

競技では選手の技術力だけではなくソリの性能も勝敗の重要なカギを握っています。そのためイタリアではフェラーリ、ドイツではBMW、アメリカではあのNASA（アメリカ航空宇宙局）がソリの開発に携わっています。

ところが日本では開発を行う企業はなく、予算の問題などもあり、これまで選手は海外製の型落ち品を使っていました。

そんな状況を知って、私たちが名乗りを上げました。2011年、東京・大田区にある町工場の中から趣旨に賛同した27社が力を合わせて開発プロジェクトを立ち上げ、世界と戦える日本初の純国産ソリを一から作り上げたのです。プロジェクトの名前は「下町ボブスレー」。東京の下町、大田区の職人たちの夢、そして誇りが詰まったこのソリは今、走るたびに記録を更新していく抜群の性能を誇っています。

●ジャマイカのボブスレー連盟による採用が決定

細貝淳一氏

今では大田区にある100以上の工場や会社が関わり、東京大学や東レなど大手企業も応援してくれています。残念ながら全日本チームには採用されませんでしたが、私たちが作ったソリは2016年ジャマイカのボブスレー連盟により正式採用が決定しました。現在は2018年に開催される平昌オリンピックに向けてさらに性能を向上させるため開発を進めています。【注】講演は2017年6月9日実施。

あまり知られていませんが、大田区には金属に世界最小クラスの小さい穴を開ける技術を持つ町工場などが多数あります。そんな素晴らしい技術力が集結し、このソリは作られているわけです。「下町ボブスレー」は、大田区の小さな町工場が中心となって世界トップレベルに挑戦し、大田区のものづくりの力を世界中に発信しよう、というプロジェクトなのです。

ただ、夢を実現させる道のりは、決して平坦なものではありませんでした。今日は、このソリが企画されてから現在にいたるまでのお話をしたいと思います。

●定時制高校を卒業後、年商10億円の社長へ

ボブスレーの話をする前に、少し自己紹介させてください。私は東京都大田区というところで金属加工と材料販売の会社を経営しています。26歳のときに創業して、今年で25年。現在、社員は30名、年商は10億円の会社になっています。

定時制高校を卒業して社会に出ましたから、最終学歴は高卒です。日本はやはり学歴社会ですから、当時は高卒の人間が大企業に入るということは全く可能性がない時代でした。

今もそうだと思います。大学に行った仲間たちから引き離されていく自分の姿を想像したら、恐怖を感じました。そこで「社会に出てから頑張ろう。自分は経営者になろう」と決意したわけです。

●タタミ10畳分のスペースで起業

現在、私の会社は、大田区に3カ所の工場を持っていますが、独立したときにはタタミ10畳分ぐらいのところでスタートしました。

鉛筆1本から自分できちっと安いものを選んで買い、お金というものを考えながら使ってきました。ビジネスをするのも何事をするのも、買うところから全てが始まるということを、皆さん覚えておいてください。結果的に無駄になるようなものを買ってしまうのか、買った後に付加価値がついて何年後かに売れるのか。こうした視点はこれからの人生で非常にプラスになると思います。

会社は成長し、今は主力の取引メーカーとしては社会インフラが40パーセント、光ファイバーは50パーセントのシェアがあります。また、上場企業とは15社くらい付き合いがあります。

また、品質マネジメントシステムISO9001やJISQ9100など国際規格を認証取得しています。この業界には、製品を手で触って「これは大体、プラスマイナス100分の1でできているから大丈夫だよ」と納品するような風習があり、今でもそのやり方を続けている企業もありますが、時代は変わりました。検査装置などを使って、きちっと数値を出していかなければ大手メーカーは商品を買ってくれません。これからの中小企業は宇宙のものを作ったり、社会インフラのものを作ったり、そういったことをしながら市場をつかんでいくことが必要です。そんな中、一つの営業ツールとして認証取得は重要なのです。

人口が減少していく今、人を育てて自分の会社の底力を強くしておくことも大切です。人材が成長していく環境をつくる。そんなことを意識しながら、会社を運営しています。

では、いよいよ「下町ボブスレー」についてお話ししましょう。

2

挫折を乗り越えて

●ものづくりの力を広くアピールするために

２０１１年の秋、大田区産業振興協会のスタッフと町工場の社長２人が、ボブスレーの寸法図が描かれたＡ４用紙２枚を持って弊社にいらっしゃいました。

大田区産業振興協会は、大田区のものづくりの力を広くアピールしブランド化する活動をしています。そのスタッフが、「ボブスレーのソリは外国製しかなく、日本の選手は中古品などを使っている」というニュースを目にし、大田区の企業に日本製のボブスレーの開発を提案したいと言ってきたのです。

大田区の加工技術は高いと言われていますが、企業向けの製品・部品が多く、一般の人には分かりにくいためＰＲが難しい部分がありました。日頃から、何か具体的なモノを通して、大田区の技術力やネットワーク力を表現できないかと考えていたところ、聞けばボブスレーのソリはフェラーリやＢＭＷなど世界の名だたる企業が技術協力をしているとのこと。大田区の町工場が生んだソリが世界で戦えたら、こんなに良いPRはない。そう考えたのです。

●大田区を一つにしたい

「下町ボブスレー」プロジェクトは、そんなことからスタートしましたが、実は私はボブスレーを作りたいというより先に、大田区を一つにしたい。そういう気持ちが強くありました。

私が独立したのは25年前ですが、その頃に技術を教えてくれたのは隣のおじちゃんたちでした。醤油の貸し借りをするように工具を貸してくれたり、いろんなことをしてくれたりする地域でした。だから、ボブスレーを作りたいというより先に、大田区を一つにしたいという気持ちが強かった。私は大田区の人たちに育てられたので、とにかく大田区に何か恩返しがしたい。そんな思いを抱いていたとき、たまたま知ったのがボブスレーだった、というわけです。

今、大田区には約70万人が住んでいます。１９８３年には製造業を中心に９１７７社の中小企業がありました。ところが2014年までに、倒産や海外移転などで3480社まで落ち込みました。従業員も5万2470名から、2万3748名に激減。約3万人もの雇用が失われたということです。

当然ですが、企業の総売り上げも大きく減っています。大田区の工場だけでピーク時には1兆1400億円の売り上げがありましたけれども、2012年になると4796億円です。売り上げがどんどん下がっていく。工場もなくなっていく。自分たちの町がどんどん衰退していく。大田区で生まれ育った私は、愛着のあるこの土地が廃れていく様子を歯がゆい思いで見てきました。

●企業が元気であることが重要

地方再生だ、地方創生だと言われますが、私は地域の企業が元気であることが重要だと思います。企業の衰退が雇用の減少や経済の衰退につながっていると思うのです。

そこで私たちの大田区では一つの対策として「仲間回し」というものをやっています。塗装・切削・板金・検査を全てワンパッケージで、地域として対応していくということです。

ワンパッケージを単独でできる会社というのは、実は都心を離れたところにはあるんです。日本の地方にある工場って、規模がでかいんですよ。

けれども大田区は、小さい会社の集合体です。従業員が3名以下の会社が3300社のうち51パーセントを占め、従業員が9名以下になると85パーセントですから、塗装・切削・板金・検査を1社で全部やろうとしても、人が足りないですよね。

品質マネジメントシステムISOの話をしましたが、あれの管理をしていくだけでも5名は必要なわけです。ということは、例えば9名の会社から5名の管理者を出していくとなると、もうほとんど自分の会社の運営はできないということになる。難易度の高い仕事やセキュリティーの高い仕事というのは単価が高いけれども、人数が少ない会社ではこれからは受注ができなくなってくるということです。今現在もそうなっています。

そんな事情から、私たちは大田区の工場仲間で「仲間回し」ということをやり、塗装・切削・板金・検査を全てワンパッケージでできる地域として対応しているわけです。

●技術力の高さと、抜群の立地を生かして

この「ワンパッケージで」という点が、大田区の強みです。ものづくりの地域というのは時間を売っています。なぜ商品を発注いただけるかというと、大田区は高精密な品物を作る会社の集合体であって、いろんなものが全てワンパッケージで、しかも迅速に対応できる地域であるからです。

立地も有利です。私たちの工場というのは羽田空港に隣接しているので、15分で品物を羽田空港に届けられる。このことは日本だけでなく世界展開できる可能性を示しています。世界のどこかで困りごとがあったとき、例えばアメリカから「こんなものを作ってほしい。うちの地域じゃできないから」と依頼があったとします。大田区に発注していただくと、今から物を作って朝までに完成させ、15分で羽田空港に到着です。11時間半後にはロサンゼルスに届き、シリコンバレーまで陸送する。製作したものがすぐ届いてしまうような素晴らしい地域なんです。

高い技術力と圧倒的な地の利がある。大田区はものづくりのビバリーヒルズじゃないかと思うんです。ですから自分たちの地の利を生かして、世界のものづくりの時間をコント

ロールしていこうじゃないか、というふうに思っています。

●なぜ自分たちのすごさを自覚できないのか

けれども今は大田区の町工場自体がどんどん減ってしまっています。町工場自体が減ってしまいますと、やがてこの「ワンパッケージ」ができなくなります。私たちの地域の強みもなくなってしまいます。

これから自分たちが世界中にPRをして世界から仕事を受けたとしても、やる会社がつぶれてしまっていたらCMする意味がないということになります。これだけ実力を持った地域であるにもかかわらず、町工場はなかなかのCM下手だったんです。

例えば世界で最小クラスのナノテクな穴を開ける会社というのは大田区にあるんです。けれどもそんな会社があっても自分でそのPRができない。そもそも、その技術のすごさというものを自分たちが感じていない。私はまずこういったところが一番問題だと思いました。

そこで、なぜ自分たちのすごさを感じないのか考えました。これは、お互いが会話をすることがないから自分の価値に気付かないのだと思いました。もしかしたら皆さんの友だちにもいるかもしれません。すごい技術を持っていても自分では気付かない人。他人は気付いているけど本人はあまり自分のことを話さないからすごい技術があっても価値に気付いてもらいにくい人。そんな人、いませんか？　そんな状況と似ています。

私たちの地域には宝がたくさん埋まっているんじゃないか。そんな思いで、私はまず「集い」をつくりたいと思ったんです。人同士がつながる「集い」。お互いに話せる「集い」。そして、もう一つはお互いに意識を持って新しいものにチャレンジしていくという目標に一緒に向かっていくような「集い」。こういったようなものをつくりたいなぁなんていうふうに思っていたときに、ボブスレーの話が持ち上がったというわけです。

●二つのキーワード

私たちの地域の課題はＣＭが下手ということですから、それだったら一番目立つ舞台はどこだろうと考えました。世界中に自分たちのことをＰＲしたい！となると…オリンピックって世界中が参加するじゃないですか。一番放送されることが多いですよね。となったらオリンピックで使われる道具。これがキーワードだと思ったわけです。

もう一つの課題は、素材開発です。10年ぐらい前から航空機というのは炭素繊維になっています。ＣＦＲＰ（炭素繊維強化プラスチック）というものでボディーができていて、軽量かつ強度の高い乗り物になっている。

これからディズニーランドの乗り物なんかも全て鉄の板金からＣＦＲＰに変わっていくのではないでしょうか。人の命を預かるようなものはアルミや鉄の金属からだんだん炭素繊維になってくるわけです。ということは、我々もやはり炭素繊維でできているものを作っていった方がいいんじゃないかということになるんですね。

一つめのキーワードは、オリンピック。もう一つは炭素繊維が使われているもの。ただ、私たちの地域にある３３００社には、炭素繊維を扱うことができる会社がありませんでした。ということは自分たちで技術を学びながらＣＭができる。こんなプロデュースをしていくことによって自分の地域というのは前に出て行けるんじゃないか、というふうに思ったわけです。

●たった1年で革新的なソリを開発

こういった経緯で私たちはプロジェクトを立ち上げました。

そして2012年9月には「みんなで作ったもの、ボブスレーというものを日本中、世界中に配信していきたい」と職人の仲間たちに語りかけました。すると、それからわずか12日後に、依頼した全てのパーツが集まったんです。

大田区は「今日明日すぐに作ってくれ」というものを毎日やっている会社がいっぱいあります。しかも求められている以上のものを作ってくれる。言わなくても精度を高めて持ってきてくれる。日本の技術力というよりも日本のものづくりの気配り。大田区の町工場は、これが一番の武器なんじゃないかと改めて思いました。

最初は予算なんてなかったので、「申し訳ないけどタダでやってほしい」とお願いしていました。実はこのとき、下町ボブスレーの開発にはおよそ3000万円かかる見通しでした。最初はスポンサーもいませんでした。けれどもとにかくこのプロジェクトの夢はオリンピック。だから本気でみんながつながろう、とにかく「やろう！」と呼びかけたのです。

結果、大田区の職人がそれぞれの部品を丹精込めて作り上げてくれました。改善を繰り返していくうちに、たった1年ですごく革新的な、オリンピックを目指せるソリができあがったというわけです。

●大成功の予感

私たちはまず仙台大学の協力を得てソリの構造を確認し、最初は女子用のソリを開発しました。そしてバンクーバーオリンピックの元代表選手たちにタイムを計測してもらいました。

もちろん、最初は不安でいっぱいでした。遅くて途中で止まったり、溶接が割れて人が落ちたり、そういうことになったらどうしよう、と考えました。走る前には、本当に大丈夫なのか、安全に走れるのかと、いろんなことを調べました。スタートのギリギリまで調整を加えて万全を期しました。

すると、試験滑走でいきなり前回の全日本選手権のタイムを上回ったのです。選手の評価も上々でした。「今まで自分が乗ってきたソリの中で一番乗りやすいというか、すごい滑らかにフェンス前を滑れていたのですごく驚きました」という感想もいただきました。

さらに試験滑走からわずか10日後に開催された全日本選手権本番では、驚くべきタイムが飛び出しました。試験滑走の記録を1秒以上も更新したのです。こうして大田区の町工場が生んだ下町ボブスレーは大成功の予感を秘めながらスタートしました。

●初めての試練

全ては順調に見えました。下町ボブスレーのドラマ化も始まり、メディアも全部で798回もの放送・放映がありました。ニューヨーク・タイムズやイギリスのBBC放送にも取り上げていただき、世界的に配信されました。下町ボブスレーによって大田区の知名度が上がり、「十数億円の広告効果を生んでいる」と統計の専門家から教えていただきました。

ところがその後、下町ボブスレーには二度三度と試練が訪れます。最初の試練は、2013年。日本の連盟には資金がないから、オリンピックに女子は出さない、男子チームだけ出場させると知らされたことです。ソリの製作には1台3000万円もかかります。

日本選手権で優勝したにもかかわらず、下町ボブスレーはオリンピックに出られないということになりました。

●再びの試練

そこで男子チームのため新たにソリを作るとなったけれども、次に襲ってきたのはソリの製作資金の問題です。資金の当てはありませんでした。ただ、ここで大きな出会いがありました。NTTぷららの板東浩二社長です。ある週末の金曜日、板東社長と懇親会の席でお話しする機会がありました。そのときダメ元で「100万円のスポンサーをやっていただけませんか」というお話をしました。「検討するよ」と、月曜日に返答をいただくということでそのまま帰りました。

実は、板東社長にお願いした100万円のスポンサー枠以外に、メインスポンサー枠として1000万円の設定がありました。誰も来ないことを承知で一応書いていたのですが、月曜日に板東社長からいただいた返答は「どうせやるんならメインスポンサーをやった方がいい」。そんな心意気をいただき、我々のメインスポンサーが決まりました。

メインスポンサーが決まった瞬間、他のスポンサーが集まってくるという流れができたんです。安倍晋三総理が我々のボブスレーに乗ってメディアにPRをしてくれるような機会も訪れました。そうして一気にスポンサーが集まり、ついに5000万円の製作資金ができたのでした。

それから、我々はあらゆる努力をしました。プレオリンピックに下見に行き、ドイツの元代表パイロットを日本に招いてアドバイスをもらいました。改善を重ねてさらに性能の良いソリを製作しました。

けれども再び試練が訪れます。「全日本チームには不採用」という知らせが届いたのです。下町ボブスレーを全日本チームで採用するための検証ができないということで、結局、不採用になりました。2015年にも再挑戦したけれど、「日本チームは、連盟が所有しているドイツ製ソリを使用する」と知らされ、二度目の不採用となりました。

●「あれは俺が作ったソリなんだ！」と言わせてあげたい

我々は何としてでも下町ボブスレーをオリンピックで走らせたかったんです。一つは、スポンサーさまから預かったお金に対して恩返しをするため。それと、下町ボブスレーのプロジェクトを立ち上げたときに私たちが一番やってあげたいと思ったこと。中小企業の中でも零細で一人でやっているようなおじいちゃんたちが作った部品を、大舞台で活躍させることです。

大田区の工場の職人たちは、今まで一生懸命に部品を作ってきたけれど、実はその部品がどの製品にどういうふうに使われているか知らない人、分からない人が多いんです。オリンピックを実況するＮＨＫの映像を見て、ソリが走っているその瞬間を見て、自分の息子や孫に「あれは俺が作ったソリなんだ！」と言わせてあげたいと思ったんです。こういうことを通じて、皆さんに恩返ししたいなという気持ちもあって始まったプロジェクトでしたから。

●ジャマイカ女子として史上初の銀メダル

そこで日本代表不採用が決まった後、外務省にご指導を頂き、海外数カ国にオファーを出しました。全てのチームから「ぜひ試乗してみたい」と返答をいただいた中でジャマイカに決めました。なぜかと言うと、世界一足の速い国だから。こういうエンジンを持っている国と、私たちのソリの技術力があったら、メダルも手中にできるのではないかと思ったんですね。

そして、ジャマイカのボブスレーチームを題材にした映画「クール・ランニング」。主人公のモデルになったクリス・ストークスは今、ジャマイカのボブスレーチームの監督をしています。こういう話題性も面白かった。下町ボブスレーで、「クール・ランニング２」のような映画ができれば、面白いですよね。

実際、２０１７年に開催されたノースアメリカンカップでは女子チームが下町ボブスレー新10号機を使い、準優勝しました。ジャマイカ女子として史上初の銀メダルです。男子も10位と15位。徐々に結果を出してきています。

3 未来をつくる力

●こうなりたい自分にたどりつく

私は、妄想っていうのは自分の未来を切り開く道具の一つだと思っています。

目標がない人は、やりたいことを一つずつ書いていけばいいんです。何だっていいんです。今の段階で一番やりやすいところ、できるところから着手していくことが前に進む一つのやり方だと思います。

未来を予想するとともに、皆さんには、必ず「1秒先が読める人間」になっていただきたいとも思います。

1秒先を読むことってなかなかできないと思います。けれども、自分がこうなりたい、と思うものが目の前にあるのであれば、今それをやるために努力をすればいいわけです。それが未来につながります。自分の意志でそこにたどりつく。そういう強い意志が、今一番必要なのではないかと思います。

●大事なのは「出力する」こと、そして「自分の考えを持つ」こと

皆さんはこれからいろんなことを学んでいくと思いますし、私も人に育てられています。人に話して何でも吸収しながら、それをまた人にぶつけて検証しながら、アドバイスをいただいて前に進んでいくということをしています。

ですから一番大切なことは、出力すること、そして自分の考えを持つことだと思います。自分が面白いなと思うことが何かあるはずなんです。それを自分の強みとして理解をし、表現をしながら、またいろんな人たちとつながる。つながっていく人たちに対して貢献をすることが明確になると、人の和をどんどん、どんどん広げていくことができるようになります。私はこれが大事なのではないかと思います。

●「成功するプロセス」から入る

私には、やりたいことがたくさんあります。やりたいことがない人もいます。「こうだから、こうできない」っていうふうに考える人が非常に多いんですね。

どうか皆さんには、「実現するために、どうしよう」と考えていただきたい。「成功するプロセス」から入っていただきたいと思います。いろんな人に甘えてください。それで、甘えた分、成功したら返してください。そういった気持ちがあれば人とのつながりは必ずできてきます。人との出会いを大切にする。また人との関わりを大切にしていただきたい。そして自分の夢をぜひ実現してほしいと思います。

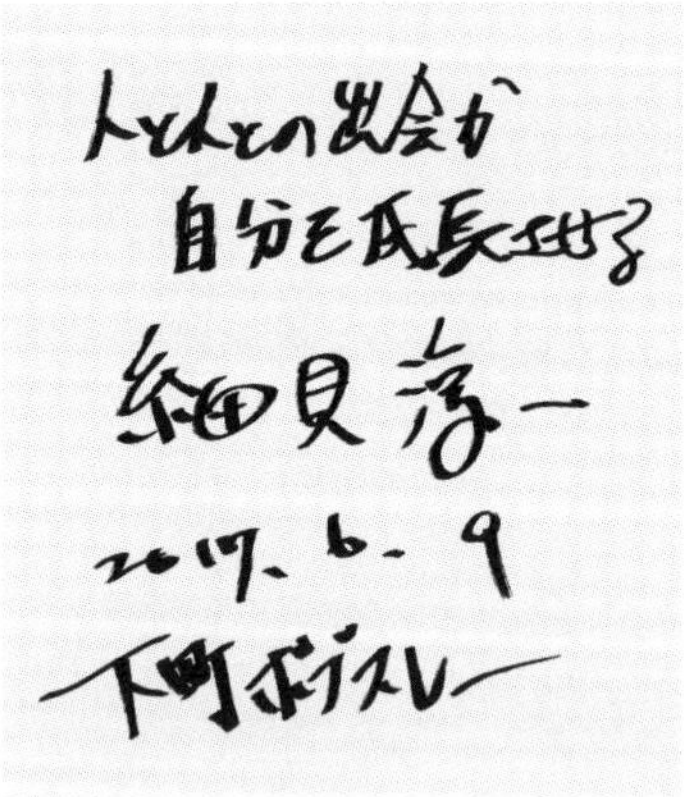

2017年6月9日講演
細貝淳一氏

〈鼎談〉

2

細貝淳一氏の講演から考える「下町ボブスレー」が教えてくれた、課題解決のヒント

武石賢一郎
徳島文理大学理工学部長

水野貴之
徳島文理大学理工学部准教授

桐野　豊
徳島文理大学・
徳島文理大学短期大学部 学長

●ずばぬけたリーダーシップに感銘

桐野　「クール・ランニング」というジャマイカの選手がカルガリー・オリンピックに出た史実を基にした映画を見ていたので、「下町ボブスレー」に大変興味を抱き、細貝氏を講師にお招きすることにしました。講演を拝聴して、皆さん、どのようなご感想を持ちましたか。

武石　誇り高い中小企業の社長を束ね、最新鋭の素材CFRP製のボブスレーを製作し、

いきなりそれを持って冬季オリンピックに挑む。そんな、無謀とも思える統率力と勘の鋭さに感銘しました。

武石賢一郎氏

水野　「このままではいけない」と思いながらも日々の生活に追われて一歩が踏み出せないことが多い中、ずばぬけたリーダーシップを発揮されている点に感銘を受けました。

自分の身一つで立ち上げた会社を大きくされている点もすごいですが、地域のために恩返しという気持ちが熱いですね。反対する人も、やめていく人も多い中、周りの友も細貝氏自身も気持ちが冷める状況が何度もあったかもしれません。気持ちを切り替えて奮い立たせるところがすごいですね。

時間と共にマイナス要因が増えてくることが多い中、反対する人や、去って行く人を恨まないという気持ちを持つからこそ地域の方向性がブレないのだと思いました。

●仲間に夢を持たせる力

武石　私は企業の研究所に長年勤めました。まだ蒸気タービンが火力発電の主力機として隆盛の頃（1970年代）、ガスタービンは航空機のジェットエンジンとして知られていましたが、大型の発電用としては使われず、電力のピークカット用に使われ始めたばかりの熱機関でした。

私たちは、蒸気とガスを組み合わせる研究で熱効率のいい方法を実現させ、それが世界のスタンダードになるという経験をしました。

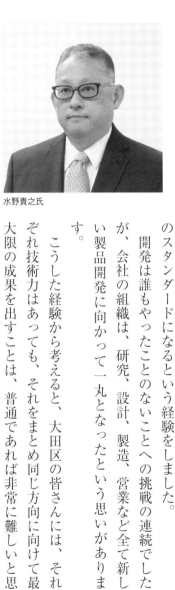

開発は誰もやったことのないことへの挑戦の連続でしたが、会社の組織は、研究、設計、製造、営業など全て新しい製品開発に向かって一丸となったという思いがあります。

水野貴之氏

こうした経験から考えると、大田区の皆さんには、それぞれ技術力はあっても、それをまとめ同じ方向に向けて最大限の成果を出すことは、普通であれば非常に難しいと思います。大学の研究がまさにこれと同じで、個々に優秀な先生方がおられても全体がまとまって何かができることはまれです。

ただ、同じ考えで集まった大学の研究所などは、例えば今はＪＡＸＡ（宇宙航空研究開発機構）になりましたが、東大宇宙研の時代には世界で４番目の人工衛星「おおすみ」の打ち上げに成功していますね。

桐野 豊

誇り高い方々をまとめて世界的な成果を出すことがいかに困難か分かりますので、社長の並外れたリーダーシップ、仲間に夢を持たせる力に感服しました。

●自然とリーダーになる人

桐野　確かにそうですね。私は奥山睦さんの著作である「下町ボブスレー 僕らのソリが五輪に挑む～大田区の町工場が夢中になった８００日の記録～」（日刊工業新聞社

２０１３）を拝読しました。それによると、「下町ボブスレー」の最初の話は、２０１１年の秋に始まっています。

　そのとき、地域の町工場の経営者たちは、ボブスレーを作るとはどういうことかよくは分からなかったそうです。けれども「細貝さんがやるのならやる」と言って集まり、細貝氏をリーダーとしてプロジェクトは発足しました。

　それ以来、６年以上、プロジェクトは技術的な進歩だけでなく、スポンサーを獲得するなど、大きく進化してきましたが、細貝氏はずっとリーダーを務め続けています。私は、このような〝自然にリーダーになっていく人〟に興味があります。２０１５年度の公開講座に東大阪市の青木豊彦氏（人工衛星まいど１号）をお招きしたのもそういう考えからでした。

大学院工学研究科システム制御工学専攻の藤田隼矢さんから、大田区の技術力を生かした大学との共同開発の可能性についてなど、複数の質問があった（講演後）。

　しかしながら、青木氏の場合は、プロジェクトの進行につれて、リーダーの座を追われることになりました。細貝氏は対照的に、プロジェクトが大きく成長する間、ずっとリーダーであり続けておられます。ということは、ご自身が進化していっていることを示していると思います。

●学生たちの意識に変化

水野　講演を聴いた学生たちの意識にも変化が見られます。

今回講演会の後に1年生にアンケートを採りました。回答者は理工学部が43名、香川薬学部が24名、文学部が13名、保健福祉学部が52名でした。特に理工学部と保健福祉学部の学生が強い興味を持ったように感じました。

機械創造工学科の常包享嗣さんは、冬季五輪のソチからピョンチャンまでに、下町ボブスレーがどんな技術改革を行ってきたのかなどについて質問した（講演後）。

まず、80パーセント以上の学生が、講座を聴講する以前に「下町ボブスレー」という言葉を聞いたことがなかった、知らなかったと答えています。また、内容についてはほとんどが知らないと回答しています。

ただ、講演前の印象では、中小企業は「技術は高いが経営は苦しい」「給料が安い」「大企業に負けている」などマイナスイメージがかなり強かったのですが、講演後は「高い技術を守っていく必要がある」「良い戦略を持てば会社は生き残っていく」「大企業と狙いどころが違っている」「町工場同士の連携が重要だ」という前向きな方向性を感じたと回答しています。

中小企業についての知識があまりない中、過小評価していたという気持ちが強いのだと思います。

●開発の楽しさと困難さ

武石　講演では、開発の楽しさと困難さについても十分に感じさせていただきました。

一般的にいうと、新しい機械の開発に必要なことは三つです。まずは、今までの技術をベースにすること。そして、新しい製品を開発するために必要な技術を実験、解析で調べ、得られたデザインデータを基に設計すること。さらに開発した機械の性能・信頼性を確かめ、改良が必要な点を直すこと。こうした三つのステップを経て初号機をお客さまに納めます。

この過程を下町ボブスレーに当てはめますと、細貝社長たちは仙台の大学が保存していたボブスレーを分解点検して、考えられる改良を施した改良1号を製作し、さらに選手の乗り心地などをベースに改良しています。

こうした過程は、一見すると新しい機械を開発する過程によく似ています。しかし全く違うのが、技術の到達を確かめるために必要な定量的な実験あるいは解析的データの収得です。

桐野　データの取得が困難ということでしょうか。

武石　はい。氷面の滑り、氷面をつかむボブスレーの機構には定量化が困難な点が多々あると思います。スキーの板が滑るのも面圧が上昇して、氷表面が溶ける非線形の現象があるからです。このような複雑な現象に人間の体重移動に伴うソリが氷面をとらえる現象が合わさると定量化は不可能のように思います。ここに、この事業の難しさがあると感じました。

また、最新の素材CFRPを用いていますが、CFRPは強度が高く比重が小さいので重心を下げボブスレーの安定性に寄与していることと思います。しかし、CFRPでは曲率半径の小さい部品をつなぎ合わせる場合、ジュラルミン材以上に分厚い部材が必要となります。

現在、三菱航空機株式会社が開発しているリージョナルジェットＭＲＪが当初機体および主翼をＣＦＲＰ製として開発を進めていましたが、ジュラルミンに替えました。ボブスレーのような小さいものでは、一体の形で製作して、オートクレーブで焼けるので問題はないでしょう。むしろ、加工が課題です。

大田区の技術者の集団は金属の加工に関しては世界的なレベルにあると自負されていると思いますが、新しいＣＦＲＰの加工は初めてだったと思います。細貝社長はこの初めての素材の加工技術を、どうやって世界的なレベルに引き上げたのでしょうか。お話を聞いて、私はその点に関心を持ちました。

●ユーザーと同じ目線に立ち、製品開発力を取り戻そう

武石　開発には、世界標準の視点も重要です。ｉＰｈｏｎｅをジョブズ氏が発表したとき、非常にびっくりしました。時代が時代であればＳＯＮＹから出る製品なのにと思いました。しかも残念なことにｉＰｈｏｎｅを構成している高性能、小型のパーツは村田製作所など日本のメーカーが製作したものなのです。

日本人はきめ細やかで気が利く洗練された製品を作り出す能力に長けていると信じていただけに大変なショックでした。

その後もダイソンのファンなし扇風機、シャープペンシルの生みの親のシャープの台湾鴻海グループによる買収など電気系の技術力低下が目立ちます。

これは見方を変えれば、現在の日本では人にとって「欲しい、役立つ」という製品開発力が弱くなっていると考えられます。反対に細貝社長はこの考えが非常に強い方で、選手と同じ目線で悩みを共有されている。この点が強いのがボブスレー開発の原動力になっていると思います。

●工学系の大学教育に必要な「創造力の育成」

武石　これからの工学系の大学教育では、創造力を育成するため、「人類の幸せのために何を作りたいか」「何をやりたいか」を尋ね、小さな夢でも実現できるように相談支援していく教育を行っていく必要があります。

現在は世界的な規模で製品開発が進められますので、世界標準化がその分野を握るカギとなります。日本国内でのみの販売で良かった時代から世界同時販売の形になっていることをしっかり理解しなければなりません。

ボブスレーはスキーに比べてスポーツ人口が少なく、国際標準の問題はなく、むしろ、ローカル色の強い機種を出すことに特色を持たせることができるのではないでしょうか。

私は、製品は二極化が進むと考えています。日本製品は日本の特色を生かした製品を作ることで、世界標準に対局する製品がむしろ長く生き続けるのではないかと思っています。

桐野　細貝社長のお話からは、戦略性の大切さも感じました。

水野　アンケートの回答の中には、一つの技術知識に特化したこと、企業が近い距離で話し合いを行えること、そしてスピードに重点を置いた戦略や、技術と誇りを持つことが、結果的にブランド価値を上げているとの意見が多く見られました。

個人的には、職人の技術を生かすものづくりで世界と戦う企業がもっと増えてきてほしいと思います。職人の技術自体が付加価値であるということを広く知ってもらいたいです。お金がないので、節約してやっているということをあまり強調すると、安く頼めると勘違いする企業が出てくるかもしれません。高い技術力は高いコストを払うに見合う価値があるという認識を持ってほしいと思います。

武石　細貝社長の素晴らしい戦略は、あまたあるスポーツの中からマイナーなボブスレーを選び出し、冬季オリンピックに出場する目標を立て、先進材料のCFRPを機体の製作に用いたことだと思います。

●プロジェクトを成功に導いたもの

武石　中小企業の社長さんは独立心が強いので多くの人が関係するプロジェクトなどを成功させようとすると、よっぽど強いリーダーシップを持つ人がプロジェクトを引っ張らねば成功はおぼつかないと思います。

ネットワークがあっても、「便利だ」程度の物であれば、とても今回のような短期間に世界のトップレベルに持っていけなかったと思います。

やはり、ネットワークを利用して参加くださった方々に目標をはっきり示し、能力に応じた役割分担をさせ、万が一できないところはリーダーがカバーすることによって成功に導いたのだと思います。これには日本語で表す方がぴったりの言葉があります ね。「絆」です。

水野　そうですね。町工場同士にはライバル心や、逆に、なれ合いや諦めムードもある中、自分に自信を持つからこそ、壁を取り払って技術をさらけ出し、得意な部分を出し合える良い「絆」ができるのでしょうね。
　また、その中で、普段は技術的な話はしなかった職人同士が意見を交わすことによって新しい発見や相乗効果も生まれたのではないかと思います。競争から協同への変革こそが今の日本に望まれる形なのだと思いました。アンケートの回答の中にも、連携や協力、協同に関してのコメントが非常に多かったことから、若い世代はこの重要性に早くも気が付いていると感じています。

●妄想することの大切さ

桐野　プロジェクトが直面した困難と再挑戦については、いかがですか。
武石　プロジェクトを進めるとき、いろいろな課題が出現しますが、その一つ一つを解決し、プロジェクトを成功に導くことがリーダーの役割です。
　大企業では研究所、設計、工作現場、営業など役割を分担していますが、全体を見ているリーダーの役割は細貝社長と同じです。
しかし、各分担のところで専門性を持って問題を解決しますので、より的確に対処できると考えます。細貝社長の場合、全てをご自身一人で解決しなければならず、それがかえって「下町ボブスレー」のような歴史的寵児を生んだのだと考えます。

水野　地域の活性化や産業の創成、教育現場の改革などリーダーシップをとろうとすると、抵抗勢力が現れる。その多くが反対というよりは、現状を変えられたくないという強い思いが抵抗になる。そんなときには、諦めずに話し合うことも大事ですが、流れや風向きが変わらないと動かないことも多いように思います。
追い風が吹くまで我慢すること、そしてそのときに備えてできる限りの準備をしておくことが大事だと感じました。

桐野　妄想力についてのお話も興味深かったですね。

武石　妄想力というよりも技術者の夢ですね。
私が小さいときは科学が見える形で発展しました。新幹線に代表される高速鉄道、人工衛星の打ち上げ成功、月面への人類の着陸など科学の進歩あるいはそれを推進されている人々が見えるような形でテレビ・新聞を通して報じられました。

科学は面白いもの、人類を幸福にするものを身近なものとして感じることができていました。

これらの技術者、科学者になった方々の動機は、月世界旅行などを書いたジュール・ヴェルヌのSF小説、あるいは手塚治虫の鉄腕アトムだったのではないでしょうか。科学者・技術者はこのような妄想力で書かれた小説や漫画に触発されて、自身の中に具現化した夢を持つのではないでしょうか。

学生の皆さんには、こんなことをやりたい、こんな物を作ったら人類が幸せになるなど考えて、若いときに一生懸命学んでおこうと考えてほしいです。

水野 常識の枠を超えた発想＝妄想について言えば、それが映画や漫画（アニメ）の世界であれば、子どもも大人も夢中になります。ドラえもんが40年以上、変わらぬ人気を博しているのも、人が妄想に関して憧れを持っているからだと思います。

妄想が夢の世界だけで終わらないようにするためには、前進への推進力が必要だと思います。これは、技術面や資金面以上に、やろうとする意志や、できるんだという自信や確信が必要です。意志と自信があって初めて妄想が推進力を持ち、「妄想力」へと変わるのだと思います。

50年前から思えば、太陽光発電だって電気自動車だって、携帯できたりテレビが見られたりする電話も、全て妄想でした。１００年前は妄想を実現するにはエジソンやワットのように単独か少ないチームでも可能でしたが、近年ではチームによる協同が必須です。そして、推進力には意志と確信が必要なのだと今回の講演を聴いて改めて思いました。

●突破力の源泉は「主体性」

桐野　アイデアを形にしていく突破力の源泉について、細貝社長が伝えてくださったポイントは二つ。一つめは、主体性でした。「空気を読む」「調和を大切にする」ことを重んじがちな文化で育った日本人にとって、主体性を持つ、主体性を育てるとはどういうことか。先生方のお考えはいかがですか。

武石　リーダーシップだと考えます。先見性を持って問題を解決する道を示し、かつそれが実現できるのだと仲間に自信を持たせ自ら進んでやるように持っていく。また、失敗のことを考えて、バックアップを考えておく。これがリーダーのやることです。

同業者に依頼したパーツが非常に難しいもので細貝社長は万が一できなければ全体工程

に致命的影響が出ることを考えて、そのパーツを自身で製作されました。もちろん同業者はパーツを納品されましたので問題なく、細貝社長が作ったパーツは無駄になったわけですが、これこそがリーダーシップです。

上に立つ人が号令だけを発しているだけでは真に組織は動きません。自身の考えた目標に向かって組織全体が分担して実施していくわけですが、どうしても人間のすることですからリーダーの考えた通りにいかないわけです。うまく進まないところにどのように対処するか。そこにリーダーシップが発揮されると思います。信頼と思いやりが必要です。

水野　細貝さんの強いリーダーシップの裏には、周りの人が責任感と主体性を持ち、リーダーの役割を信頼して任せていることが大きいと思います。主体性を持ちチームの中で役割を果たすことは、「空気を読む」ことや「調和を大切にする」ことと反するものではなく、むしろ延長線上では一体となるべきことだと思います。

●「発信力」によって道が開ける

桐野　妄想やアイデアを形にしていく突破力の源泉について、細貝社長が伝えてくださったポイントの二つめは、発信力でした。「自分がやりたいことを周囲に表現することで理解され、人とつながり、道が開けていく」という細貝社長の言葉について、まさにそういう体験がある、もしくは、身近な方がそういった経験をした、という事例がありましたら教えてください。

武石　発信力もリーダーシップの一形態です。自分の夢を実現するためには、一人でできないプロジェクトの場合、必ず仲間と一緒に実施する必要があります。

会社の仕事のような場合、その目的が明確になっている場合が多いので、リーダーはいちいち説明する必要がなく、問題にぶち当たったときに解決の方向を示し、解決に力を発揮することが多いです。

しかし、細貝社長の場合、ご自身で温められた夢の実現ですから、何もかも全てを一からやる必要があったのですね。人を説得し、人選し、資金を募り、選手まで探し、出場を交渉し…何もかもです。普通の人にはちょっとできないタレント、才能です。

だからこそ「下町ボブスレー」は人々の尊敬と憧れを持って皆さまから関心を持たれるのだと思います。

水野　さぬきワイナリーからノンアルコールワインを発売するという本学の活動は、ある意味ではこれとつながる部分がありました。

さぬきワイナリーと本学との連携は以前にもありましたが、お酒ではないものを製造することに対する第三セクター特有の「新しいことを拒絶する空気」などがありました。

これを覆したのは、メディアだったと思います。3年間新聞やテレビ報道で何度も取り上げてくださったことが大きく影響したと思います。学生が中心に頑張ったからこそ報道でも取り上げてくださった。これはリーダーシップを発揮しないことでメディアが取り上げてくださった事例かも分かりません。メディアが取り上げやすい、ニュースバリューのある組み立ても発信力には必要かと思います。その点でボブスレーについては本当にうまくメディアに発信していると思います。

●大切なのは個人の力を磨くこと

桐野　細貝先生のお話をうかがっていると、大手企業にはまねできない町工場の強みもあると感じます。例えば小さな市場で勝負できること、企業間の垣根を越えて協力する文化があること、問題点を改良する迅速さなど、です。

もちろん大手企業にはスケールメリットなどたくさんの利点もありますが、自分たちなりの良さや武器を持って勝負すれば、市場に評価され、社会に十分価値を提供できると思えました。これは、地方と東京の図式にも似ているように思えるのですが、先生方はどのようなご感想を持たれましたか。

武石　大手企業も一技術者の周りの現場を考えると町工場と変わらないと思います。特に私の属していました研究所などは個人が一商店主のような役割で動いていたと思います。大学はさらに個人の役割が強いですね。大企業でもプロジェクト運用があり、成功しています。

個々の持っている能力を見抜き、不足分は開発するなり技術導入あるいは大学へ委託するなど、スケジュール内で開発・完成させる必要があるわけです。企業の製品は、他社動向や自社保有の技術ポテンシャルなどを見極めて開発の完了時期を決める必要がありますす。大学の研究などは世界の研究者と競争していますので、成果を出す時期は早ければ早い方が良いのです。

しかし、研究を一緒にやっている学生の皆さんはまだ何も理解していないかもしれません。「研究は面白い」ということがやっと身につく時期で、先生だけがイライラしながら進めていかねばならないのです。本学の村崎理事長が大学院後期博士課程の整備されている大学に入りなさいとおっしゃったのは、大学院で研究をしている先輩方は、社会で活躍するために必要なリーダーシップ（この場合は人を導く力）を持っているので、そのような先輩が多くおられる大学で勉強し、その能力を身につけてくださいという意味なのです。

水野　中小企業と開発業務を行っているときに、大手がまねをしたら負けてしまうことはやらない、ということを考慮します。

大企業で扱う場合、大きな市場規模が必要になります。だからこそ、大手が手を出さない小さな市場に目を向けることが重要だと思います。アンケートの回答の中にも、スピードや技術協力、得意分野を生かす（苦手分野は引き受けない）、品質の高さなどが、大手ができないこととして挙がっていました。

●世界での活躍を期待

桐野　下町ボブスレーの世界での活躍が期待されます。

武石　そうですね。そしてプロジェクトの成果として、世界のトップに立ってほしいと願っています。世界のトップに立った後は、もうBMW、フェラーリ等から教えてもらうのではなく、自身で考えてトップを維持する必要があります。そのときは、技術導入することはできず、原理原則に基づいてより高速のソリの開発と搭乗者の運転、操作技術の向上が必要となります。

操作技術などはスポーツ工学の分野となり定量的・科学的にロス発生のメカニズムを解明して、0・1秒でも早い技術を独自に作り上げていく必要があると思います。

ソリ開発でも、ソリの機構、氷をとらえるエッジのメカニズムなどソリに課せられた制約の中で、科学の力を注ぎ込んで、安全で最速のボブスレー開発を行われることを期待します。

これを実現するためには、大田区を中心とした細貝社長のチームが核となり、さらに外の集団を巻き込んで一回りも二回りも大きな集団となって世界一のボブスレー開発を行う必要があるでしょう。そのような集団の統率には今とは違ったリーダーシップが必要かと思いますが成功させるためには絆が欠かせないでしょう。

水野　日本代表に頑張ってほしいのはもちろんですが、日本製のボブスレーで結果を残してきたジャマイカチームにも頑張ってほしいです。

冬季五輪や世界大会で日本代表がメダルに近づくためには、日本製のボブスレーを使う方が可能性が高まるように感じます。講演後のアンケート（2017年7月実施）でも日本チームの下町ボブスレー採用とジャマイカのメダルとの両方を望むという回答が最も多かったです。平昌冬季オリンピックで、日本チームが日本製のボブスレーに乗れないというのは大変残念に感じました。日本チームが下町ボブスレーで表彰台にのぼる日を期待して待ちたいと思います。

第3講座

変化の時代を生き抜くために

文系学部廃止の衝撃と大学の未来

東京大学 大学院情報学環 教授
吉見 俊哉

1 「文系学部廃止」報道の虚実

●文系学部は「役立たず」なのか

大学には文系の学部と理系の学部があります。文系の学部で代表的なものは文学部や教育学部。経済学部、法学部、社会学部なども文系の学部に入ります。一方、理系には医学部、薬学部、工学部などがあります。

理系に行って医学部に進むと言ったら、親御さんは喜びますよね。医学部に行くと言うと、「うちの息子・娘は、やったぞ！」くらいに思う。けれども文学部に行くと言うと、親の反応は「就職は大丈夫か？」となる。これが一般的だと思います。文系学部で学んでいる学生の中には、「自分のやっていることが世の中の役に立たないんじゃないか」と思っている人もいるくらいです。

けれども、文系学部は本当に「世の中の役に立たない」のでしょうか。世の中に不要な学部なのでしょうか。

私はそんな世間の感覚と戦いたい、と思っています。文系学部が「役に立たない」という一般常識に抗《あらが》いたい。できる限りその一般常識と戦ってみせるというお話を、これからしたいと思います。

●あの報道は一体何だったのか

吉見俊哉氏

2015年の夏、新聞各紙に衝撃的な記事が出ました。

「文部科学省は日本の大学の文系学部、国立大学の文系学部を『いらない』と言っている」というニュースです。記事のもとになったのは、2015年に文部科学省が各国立大学法人学長に出した通知です。「これはけしからん」という新聞報道が世の中にバーッと広がることになりました。

それはどういう流れだったのか。報道の経緯を振り返ってみましょう。

●「文系学部廃止」全国紙が一斉に報道

２０１５年5月28日。まず産経新聞が「人文学系学部・大学院、規模縮小へ転換。理系強化に重点を置いた政府の成長戦略に沿った学部・大学院再編」という見出しで記事を載せました。これからは大学の人文系学部を縮小するという文部科学省の方針が出た、という記事です。

6月8日になると、今度は日本経済新聞に「教員養成学部、廃止を要請」という記事が出ました。

また朝日新聞には、「教員養成学部や社会系学部の学部・大学院の廃止や転換に取り組むことを求める通知を文部科学省が出した。社会に必要とされる人材を育てていくようになっていなければ、廃止や分野の転換の検討が必要だ」というふうに報道されました。

そして6月19日には、毎日新聞に「国立大学の文系に消滅の危機が迫っている。文部科学省が全国の国立大学に対し人文社会系や教員養成系の学部・大学院について、廃止や他分野の転換を求めている」という記事が掲載されました。産経、日経、朝日、毎日と、全国紙が次々と掲載したのです。そして、報道がだんだんとエスカレートしていきます。

6月25日には「人文社会系『改廃』強要。大学の権力批判、封じ込めが目的か」「文部科学省は今月8日に全国86の国立大学法人に教員養成系・人文社会系学部・大学院の廃止や転換を求める通知を出した。教員の側からは現代の焚書《ふんしょ》、大学自治の侵害という声も上がっている」という記事が載りました。

そして7月29日になると、日本経済新聞が「文部科学省の要請はすぐに役に立たない分野は廃止と解釈できる」と伝えました。

さらに8月23日になると、読売新聞が「すでに国立大学全国60校のうち半数近い26校が2016年以降に文系学部改廃を計画していることが分かった」と報道しました。

びっくりしますよね。こんなに簡単に文系学部がなくなってしまうというのですから。私も大学で文系の学部の先生をしていますから、人ごとではないわけです。「もう職がなくなる。未来がない」みたいな感じです。私だけではなく、この記事を読んだ多くの読者が「文系学部廃止」はもはや既成事実であると受け止めたのではないでしょうか。当時はそんな新聞報道が多かったわけです。

●各界から反発の声

さて、当然ながらこれに対する批判が上がってきます。

2015年7月23日には、日本学術会議という学者たちがつくっている会議が声を上げました。「人文・社会科学のみをことさらに取り出して組織の廃止や社会的要請の高い分野への転換を求めることには大きな疑問がある」と。

経団連も「産業界はこんなことを要請していない」というふうに声明を出していって、文部科学省は袋だたきにあいます。

さて、ここからが問題なんです。文部科学省は本当に国立大学の文系学部をなくすぞという通知を出したのでしょうか。文部科学省は文系学部を「いらない」と言ったのでしょうか。そしてマスコミは通知の文面をきちんと確認して報道したのでしょうか。

報道でこの騒ぎを知った人の多くが「文部科学省は文系学部をつぶすつもり」と思っています。実は間違いです。文部科学省は「文系学部をつぶす」などと言っていません。では、なぜ文部科学省がそんなことを言っているというふうにみんなが思いこんでしまったのでしょうか。

●報道を疑え

新聞を読むことは大切ですし、私は学生たちに「スマホじゃダメだ、本を読め、新聞を読め」と常々言っています。同時に「重要なことは新聞を信じてはいけない、新聞に書いてあったから事実だなんて思っちゃいけませんよ」とも言っています。

なぜなら新聞やインターネットの情報には、相当数の嘘が混じっているからです。マスコミ等から流されることの相当数は、疑ってかからなくちゃいけないのです。

この場合も新聞では文部科学省がそういう通知をしているという話だったのですが、それが本当かどうかはちゃんと自分で一次資料を見なくてはいけません。一次資料というのは、文部科学省が出した通知そのものです。もとの資料に当たって検証してからはじめて「文部科学省が悪い」と言える。あるいは「新聞報道の方が間違っている」と言えるわけです。これはメディア・リテラシーといって、いま本当に必要な力です。

●文部科学省の通知を検証してみる

では、もとの資料を確認してみましょう。文部科学省は一体どんなことを通知していたのでしょうか。

文部科学省が各国立大学法人学長に通知を出したのは2015年6月8日でした。「国立大学法人等の組織及び業務全般の見直しについて」という通知です。その中には、こういう文言が出てきます。

特に教員養成系学部・大学院、人文社会科学系学部・大学院については、18歳人口の減少や人材需要、教育研究水準の確保、国立大学としての役割等を踏まえた組織見直し計画を策定し、組織の廃止や社会的要請の高い分野への転換に積極的に取り組むよう努めることとする

この最初の部分と最後の部分を単純につなげると、やっぱり文系学部は組織の廃止や社会的要請の高い分野への転換に取り組むべきと言っているじゃないかとなります。

しかし、ここにはその手前で「国立大学としての役割等を踏まえた組織の見直し計画を策定する中でそれをやれ」というふうに言っているのです。この点に注目しておいてくだ

さい。

●同じ内容の文書が２０１４年にも出されていた

そしてもっと重要な事実があります。実は、ほぼ同じ内容の文書が1年前の２０１４年8月4日にも、出されていたのです。

２０１４年8月4日、各大学法人に文部科学省から連絡がありました。文書には、こんなふうに書かれています。

特に教員養成系学部・大学院、人文社会科学系学部・大学院については18歳人口の減少や人材需要、教育研究水準の確保、国立大学としての役割等を踏まえた組織見直し計画を策定し、組織の廃止や社会的要請の高い分野への転換に積極的に取り組むべきではないか

これは、２０１４年の文書です。２０１５年に新聞が大騒ぎした通知と文言が同じですよね。２０１４年の8月にこの文部科学省の通知が出たときは、世の中は何の反応もありませんでした。取り上げる新聞もほぼありませんでした。何の反応もなかったわけです。

ところが２０１５年６月に、全く同じ通知が出たときには大反応というか批判の嵐。同じメッセージなのに、タイミングが違うだけで何でこんなに異なるのか？　ということがまず問題ではないでしょうか。

●政権への批判に利用された

理由は簡単です。まず、２０１５年夏の政治状況を思い出してください。この年はいわゆる安保関連法案の強行採決がありました。国会議事堂の前は、学生団体ＳＥＡＬＤｓ（シールズ）などデモ隊が取り囲んで騒ぎになりました。同時に新国立競技場の膨大な建設費の問題や、下村文部科学大臣（当時）の日の丸・君が代問題など、いろいろな問題が噴出した時期でもありました。

文部科学省に対して、あるいは安倍政権に対して、マスコミは隙あらばたたこうとしていたんです。そこにこの通知が出たもんですから、「こんなけしからん通知を文部科学省は出している、これこそ都合のいいネタだ」とマスコミが飛びついた。こういう筋書きです。１年前に全く問題にならなかった文書が１年後に大反響を呼んだのは、こういった経緯があったからです。

●大学改革の流れの中で

では「大学の文系学部を見直す」という意見がいつ頃から出始めたのかというと、この流れは2001年ぐらいに出てきていました。2004年の国立大学法人化に向けた動きの中で、すでに出ていたことです。

文部科学省は2001年に大学（国立大学）構造改革の方針というものを出していて、その中で「教員養成系の大学の廃止や縮小」「単科大学の統合」「国立大学の精鋭化」「県単位の地方国立大学の統合化」という案を出して、当時からどちらかというと理系重視の方針を出していたんですね。

そして2004年に国立大学を法人化します。その後に、日本の国立大学にどういう変化があったのか説明したいと思います。

大ざっぱに言うと、教授や助教授など常勤教員の人件費が減って、非常勤教員の人件費がどんどん増えてきました。

それから文系・人文学分野の教員の数については、２００４年からの10年ぐらいで私立大学では約8ポイント増えています。ところが国立大学では10ポイント以上減っているんです。文系が国立から私立へシフトしているわけです。

●今の大学の教授は、小さな町工場の工場長みたいなもの

それから外部からの研究費獲得額が大幅に増えています。予算組みが大変になったので、外部からの寄付金や国の助成金を獲得して、懸命にお金を稼いでいるわけです。

それと反比例するように、研究時間や学術論文の数は大幅に減っています。助成金を得るための申請書を書くのに忙しい、報告書を書くのに忙しい、そもそも申請書を一つ書くのにも時間が必要だからです。数千万円の研究費を獲得したら、あとは一生懸命、会計です。お金の計算をしなくてはいけないし、不正がないようにお金を管理しなくてはいけない。大学の先生たちが、まるで中小企業の社長のようになっているわけです。

自分の研究室の学生や、修士課程、博士課程の大学院生は、自分の会社で働く若い社員みたいなもの。全員で15人程度の小さな会社や町工場みたいな組織で、町工場の工場長が

教授なんですね。それで一生懸命に仕事を取ってきて学生に振り分けて、何とか食いつないで、マネジメントをやって。そんな状態だから「じっくり研究できない」という状況になってきています。

●10年、20年の単位で世の中の動きを観察する

実は、こういう変化はすでに2000年くらいから日本の大学に起こっていました。ですから、2015年の出来事を通して何が言えるかというと、文部科学省はダイレクトに文系学部を廃止すると言ったわけではないということ。そうではなくて、「文系学部に何らかの改革が必要だ」ということを言っているんです。

それを「文系学部廃止論」に仕立て上げたのは、新聞やテレビといったマスコミです。マスコミが「文部科学省は文系学部を廃止すると言っている」ということを大きく報道し、拡大させていきました。そして文部科学省の同じ文書が1年前にも出ていたにもかかわらず、1年前には全く問題にしなかったにもかかわらず、2015年になって、同じ内容の文書に大きく反応したわけです。

大学改革というのは２０００年代の初めから10年以上にわたる変化であり、２０１４年と２０１５年の通知も、その流れの一部にすぎません。だから２０１４年と２０１５年に何が起こったか、ということだけを見ても何も分からない。日本の大学の問題は、十数年の単位で考えることが大切です。そしてこうした視点の持ち方こそが今日のテーマになります。

●文系は役に立たないという意見は正しいのか

「理系は役に立って文系は役に立たない」という通念が、一般社会の中に蔓延《まんえん》していると思っています。

「文系はいらない」と言われると、多くの人は「いや、そんなことはない。文系も必要だ」と答えるものです。文部科学省やどこかの政治家が「国立大学も私立大学も、文系なんて無くしてしまえばいい」と言うと、「いや、それは暴言だ」と必ず言い返されると思います。

しかしちょっと想像してみてください。自分の子が医学部や薬学部に進学するのと、文学部に進学するのとでは、どっちを喜ぶだろうかと。たぶん医学部や薬学部ですよね。つまり理系の方が将来の職につながるし役に立つんだという感覚があるわけです。文系はどうも世の中的には役に立たないんじゃないかという通念を日本人全体が持って来てしまっているという状況が、私たちの社会の中にはある。果たしてこんな考えは正しいのだろうか、というふうに思います。

しかも文部科学省もマスコミもいろいろな会議も、誰も未来の文系について語っていません。「趣味でやっているのが文系、楽しみでやっているのが文系」というイメージがあるかも知れませんが、そんなことではない。ただ、文系の役割や価値を明確に示すということを我々はできていないのだと思います。

2　大学が抱える課題と危機

●三つの大きな制度改革がもたらしたもの

日本の大学は１９９０年代に文部科学省、つまり政府の指導で三つの大きな制度改革をしました。

一つ目は大学の教養課程の再編成です。特に国立大学において、一般教養課程というものがあまり役に立たないのではないかということで、専門課程に再編成することになりました。

二つ目は大学院の重点化です。大学院の定員を膨らませた結果、入るのがすごく簡単になって大学院生が増えました。しかし修士号や博士号を取ってもなかなかいい仕事がない。「大学院に行って頑張って就職活動をしても、いいキャリアにつながらない」ということになって、大学院生のレベルがすごく下がりました。大学によっては、大学院の1年生よりも大学の4年生の方がレベルが高いと言われているところもあります。こんなふうにして、大学院の劣化が進んだのです。

そして三つ目は国立大学法人化です。国立大学法人化によってどういう変化が起こったかというと、国立大学の中で貧富の格差が広がりました。外部資金、企業や国からたくさんお金を集めてくることができる大学は、どんどん豊かになります。でも、そうでない大学は、どんどん貧しくなりました。

大学に貧富の格差があるのは、わが国が国立大学を対象に行った制度改革の結果です。

●大学数の劇的な増加

では、もっと厳しい環境にある私立大学では、どういう変化が起きているのでしょうか。これについては、もっと大枠で触れておかなければなりません。

それは、大学の数の劇的な増加です。1945年、戦争が終わったときに日本に大学がいくつあったと思いますか。たった48しかありませんでした。

ところが1950年にいわゆる学制改革がありまして、それまで高等学校や専門学校だったところが「大学」に加わったため、201に増えます。1960年には245。

1970年は382。1980年に446。このくらいは必要だと思います。1970年代ぐらいまではベビーブーム世代で日本の18歳人口が増えていたため、人口の増加に合わせて大学の数が増えているのは理解できるし、400から500ぐらいは日本に大学があってもいいですよね。それなりに何とかやっていけると思うんです。

●48校から800校近くへ。増殖を続ける大学

ところが1990年代になっても、大学はさらに増え続けました。

いわゆる規制緩和という流れの中で1945年に48校しかなかった大学は、かつての10倍を超えてどんどん増え続けていきます。

日本の18歳人口を見てみましょう。ベビーブーム世代が大学生になると、18歳人口はグーンと増えます。それから一時は下がりますが、ベビーブーム世代の子どもたち（団塊ジュニア世代）が大学に入学すると、またここでも上がっていく。ただ、1990年代に入って以降、日本の18歳人口はずっと減り続けています。それにもかかわらず、大学の数は増え続けているわけです。1980年に446校。1990年に507校。さらに2000

年には６４９校。２００８年には７６５校、そして現在は約７８０校まで膨れ上がっています。１９４５年に48校しかなかった大学が、現在８００校近く。20倍近くあるわけです。

●生き残りをかけたイメージ戦略やマーケティング

18歳人口だけでなく総人口も持続的に減少を続けている中、これだけの大学を維持するのは、明らかに無理があります。

どういうことが起こるかというと志願者バブルです。大学としては定員を埋めなくてはいけないわけですから、「うちの大学に来てください」とイメージ戦略や高校へのマーケティングに動き出すわけです。受験生に対してハードルを上げるどころか逆に下げて、「うちに来てください」という話になります。これは本末転倒です。

実はこんな現象が日本だけで起こっているわけではないから、やっかいなんです。アメリカには大学が２０００校以上あります。ハーバード大学とかＭＩＴ（マサチューセッツ工科大学）とかスタンフォード大学なんて、頂点のほんの一部です。アメリカにもいろいろなレベルの大学があります。

アメリカ、中国、韓国、ヨーロッパ、アフリカ、アジアなど、いろいろな国の大学の数を合わせてみると、世界にはたぶん1万校近い大学があると思います。

それぞれの大学に数千人の学生がいるでしょう。だから現時点において全世界の大学生の数は数千万人か、もっといるかも知れません。この数千万人が「大卒」として職を求めていくわけです。しかもアフリカや東南アジアなど、新興国でも今後は大学が増え続けます。大学生もどんどん増え続けます。

世界的に大学がどんどんできて、大卒が増えていきます。でも高学歴の就職先って、そんなにないですよね。それで「就職先はどうする?」という問題が出てくるわけです。一方、大学間も競争状態に入ってくる。これが2000年以降に起こったことです。

●学部名称の「カンブリア紀的大爆発」

こうした状況の中で私立大学を中心にいろいろな大学で何が起きたのかというと、学部名称の変化です。私はこれを「学部名称のカンブリア紀的大爆発」と言っています。「シティライフ学部」「現代ライフ学部」というのを聞いたことがありますか。このように「一体何の学部だろう？」と思う名前の学部が増えてきました。大学が入学者を集めるために、学部に魅力的な名前を一生懸命考えてつくったからです。ビールの名前と同じように「学部名称で人を呼ぼう、学部の表面で人を引こう」とする作戦です。そういう本末転倒の変化が起きてきたのです。

昔は、大学の学部といえば文学部、法学部、経済学部、農学部、工学部、医学部、薬学部でした。これらは昔からある学部名です。１９７５年まで日本の大学で学部の名前の種類は69種類しかありませんでした。国立・私立を全部入れて69種類です。

ところが人間科学部とか総合科学部とか総合政策学部というものが出てきたので、１９８０年には78種類に増えました。その後は、経営情報学部とか国際関係学部が出てきますね。１９８５年、この時点で国際政治経済学部などが出てきて80種類。１９９０年は97種類になりました。

●435種類の学部名

１９９０年代以降が問題なのです。１９９０年に97種類しかなかった日本の大学の学部の名称は１９９５年に１４５種類に増えます。２０００年になると一気に２３５種類に。すさまじい増え方です。学生集めのために看板を掛け替えているのです。

２００５年にはなんと３６０種類になりました。２０１０年になると４３５種類に。とにかくすごい増え方をしています。私はこれを学部名称の「カンブリア紀的大爆発」と呼んでいます。カンブリア紀とは、今から4億～5億年前の古生代の一区分のことですが、この時期に生物の種類がとんでもなく増えたんですね。大学の学部の名称も、カンブリア紀と同じように爆発的に増えたわけです。これは学問の論理というより学生集め、つまりマーケティングの論理です。それで学部が増え続けたのです。

●「大学の危機」という問題意識を共有

この学部名称の爆発は何を意味しているのでしょうか。世の中の風潮として実学的応用性が強調され、大学に行くこと自体の価値が劣化しています。グーグルやウィキペディアが出てきて、スマホやパソコンで検索すればすぐに知識が得られるようになりました。それでも「大学に来てください」と言うために大学が「厚化粧」しているんです。

当然ながら文部科学省も、それから日本の地方の大学、心ある大学の経営者、みんなこれはマズイと思っているわけです。何とか大学改革をしなければ。そう思っています。理系を含めて日本の大学を何とかしないと、大学が大変なことになる、とみんな危機感を持っています。特に大学の経営陣には強い危機意識があります。

●研究だけでは済まされない過酷な現実

ただ、大学の先生たちは疲れています。

昔は理系は実験、文系は本を書いて「一生懸命研究をやってください」と言われたものです。ところが、ここ20年ぐらいの改革の嵐の中では、「大学の教育をやってください」「先生として学生の指導をやってください」「もちろん授業もきちんとやってください」「それから審査もしてください」「学生さんには非常に丁寧に接してください」と、どんどん要求項目が増えていったからです。

さらに「制度設計や分析、人事管理や予算管理も先生がやってください」。そんなことまで言われるようになってきたんです。

大学改革はとても大切です。心ある先生たちは「大変だけど頑張ってやろう」「大学のことをよくしよう」と頑張るんです。でも研究以外のことでだんだん疲弊してきて、倒れたり入院したり、過労死する人までいます。

給料は上がらないのに、有能な先生に仕事が集中しています。大学が矛盾のるつぼになっている。こういうことが、日本の大学で起こっているんです。

3　そもそも大学とはどういう場所なのか

●苦しんでいるときこそ、原点に戻る

そもそも大学とはどういう場所なのでしょうか。大事なことは原点に戻ることです。苦しんでいる今こそ、「大学とはそもそも何なのか」という原点に戻っていくしかない、と

私は思います。

そこで、「そもそも大学とは何なのか。皆さんが行っている大学とは、一体どういう場所なのか」ということを、何百年という非常に長期のスパンで考えてみたいと思います。

では、大学の原点はどこにあるのでしょうか。大学＝ユニバーシティという組織がいつ生まれたのかというと、世界最初の大学は1158年に誕生したイタリアのボローニャ大学です。源頼朝が鎌倉幕府を開いたのが1192年なので、その約40年前。日本が源氏平氏の戦いをやっていた時代に、ヨーロッパでは大学が生まれたのです。

●ヨーロッパの大学の歴史は800年

日本の大学を見てみると、東京大学や慶應義塾大学は、創立年が結構古いです。東京大学は1877年。慶應義塾大学はそれより前の1858年。それでも、日本の大学の歴史は、せいぜい150年くらいなのです。

一方、ヨーロッパの大学の歴史は約800年です。なぜ、この時代のヨーロッパに大学が生まれたのでしょうか。カギは、中世の商業都市の交易ネットワークにあります。

中世のヨーロッパ世界には、小さい都市がたくさん誕生しました。そして、都市と都市の間を商人とキリスト教の僧侶、職人など、いろいろなタイプの人たちが旅をして回るようになります。その都市と都市の間を旅して回る、移動する人たちの中には知識人も含まれています。非常に著名な知識人が例えばボローニャの町にいる、ケルンの町にいる、あるいはリヨンの町にいるという噂が広まると、その先生の教えを請うためにヨーロッパ各地から学生たちが旅をして集まってくるようになりました。

●支配層に対抗するため「ユニバーシティ」はつくられた

非常に優秀な知識人の先生たちと学生たちが集まる拠点ができて、それが大学に発展していきます。

大学のことをユニバーシティと言いますよね。ユニバーシティという言葉が何を意味するかというと、「協同組合」です。何の「協同組合」だったかというと、学生と先生です。教師と学生の協同組合なんです。

なぜ先生と学生は協同組合をつくる必要があったのでしょうか。領主層、つまりその都市やその土地の支配層に対抗するためです。

ある町で先生と学生が恒常的に集まっているわけです。大学といっても立派なホールではなく、どこかのアパートのような小さな建物です。そこに集まって授業をして、議論をして、本を書いたり読んだりしているわけです。

そうすると、その土地の領主層は何を考えるのか。「あのあたりで怪しい連中が『大学』と称して集まっている。ずーっとこの町にいるなら、あいつらから税金を取ろう」と思うわけです。「大学の営業を認める代わりに、これだけの税金を払いなさい」となる。大学側は当然払いたくないので、神聖ローマ帝国の皇帝から勅許《ちょっきょ》をもらいます。「私たちは神聖ローマ帝国の皇帝から、あるいはローマ教皇から、土地の領主に税金を払わなくてもいいという特権的な勅許をもらっている。だから領主には従わない」。学問の自由というのはここから来ています。

初期の大学人たちは、神聖ローマ帝国皇帝やローマ教皇という特別な権威によってこの協同組合を特権化し、土地の領主層からの干渉を防ぎました。大学＝ユニバーシティという協同組合をつくったのは、世俗的な権力、政治的な権力と対抗するためです。権威をかさに着て「俺たちはユニバーシティだ」と言った。これが大学の起源です。

●大学は一度死んだ

中世ヨーロッパはキリスト教世界ですから、キリスト教世界の発展とともに都市も広がっていきます。14世紀から16世紀の話です。

大学はイタリアからはじまって、フランスそしてイギリスに広がっていきます。14世紀にはイギリスにオックスフォード大学やケンブリッジ大学ができていますし、北ヨーロッパや中央ヨーロッパ、例えばチェコにはプラハ大学、ポーランドにはヤギェウォ大学、ほかにもウィーン大学など、ヨーロッパの名門大学が14世紀から16世紀にかけて広がっていったわけです。これを可能にしたのはキリスト教世界です。

ところがキリスト教世界のヨーロッパの大学が16世紀以降にしぼんでいきます。16世紀から17世紀は大学が一度死ぬ時代です。

これは分かりやすいことなのです。16世紀から17世紀にかけて活躍した偉大なる思想家、それから科学者の名前を思い浮かべてみてください。デカルト、パスカル、それからニュートン。たくさんいますよね。

これらの大科学者、大思想家は、中学・高校の教科書に名前が出てくるような人たちです。近代の知識人たちの中で、大学の先生だった人なんてほとんどいないんです。当時の感覚で言うと「大学の先生なんて、もう終わっているよね」「大学の先生はトップエリートの知識人じゃない」「エリートの知識人は、大学の先生なんかにならない」。そういう感じなのです。

デカルトやパスカルなど大科学者・大思想家は大学の教師であるよりも前に、有名な本の著者になったのです。

これは、16世紀くらいの社会の知識パラダイムが「大学」という基盤から「出版」という基盤に転換していったことを意味しています。

●「大学」から「出版」へ

出版という基盤は、それ以前にはありませんでした。

グーテンベルクという名前を聞いたことがありますか。ヨハネス・グーテンベルクというのは、15世紀の半ばに活版印刷、活字の印刷を発明した人です。本というメディア自体、つまり活版印刷技術が14世紀以前のヨーロッパにはありませんでした。

15世紀の半ばにグーテンベルクが活版印刷を発明して、16世紀以降は手書きの文書ではなく印刷によって一度に何千・何万部と印刷できる「本」という媒体が爆発的に拡大するんです。

産業的にも成功し、出版された本がヨーロッパ中に出回ります。そうすると知識を得るには本を買えばいいのです。何カ月もかけて旅をして著名な先生に教えを請うよりは、自分の周りに本をたくさん集めて読んでいる方が知識を得られる。皆さんが「学校に通うよりも、家でグーグル検索をして世界中の情報を得るのが早い」と思うのと同じような感じです。

●ドイツから大学復活の兆し

そうすると大学の地位がだんだん低下してきます。一方で、出版の地位が上がります。出版をベースに知識人が出ることで、大学のシステムは非常に弱まっていくわけです。

そんな状態が17世紀、18世紀と続き、もう大学は終わりだと思われたときに、19世紀になって突如、大学が復活してきます。このことはドイツという国の特徴と切り離すことができません。

ドイツとフランスはナポレオン戦争で対立しました。するとフランス革命が起きてナポレオンがヨーロッパを征服し、ドイツが負けました。フランスの方は、自分たちがヨーロッパの文明の中心だと思います。

フランスの知識の中心はアカデミー（学問や芸術を指導する団体）になります。ドイツには、そのようなアカデミーの文化は発達していませんでした。フランス王室やイギリス王室のような感じではなく、諸侯が競う時代が続いていた。中世が続いていたのですね。だから大学の伝統がフランスよりもドイツの方に残っていたのです。

それで、フランスに負けて悔しいから、敗戦国ドイツは自国のナショナリズムをあおって「ドイツ国民がフランスに対抗するために新たな文化の中心、文化の機軸をつくらなければいけない」と訴えました。そこで中世以来、いったん廃れたかに思えた大学に目をつけました。大学を復活させよう、大学に新しい概念をもたらそう。こうして大学の再建を行ったのです。

●大学は、「新しい知」を生み出すところ

大学を権威に仕立て直して、新しい形の大学をつくっていく。大学を新しいドイツの知識の発展、学問の発展、文化の発展の中心にしていこうという運動が起きます。これは一種のドイツのナショナリズムです。

その中心になったのがカントなどの哲学者です。また、ベルリン大学のフンボルトは何を考えたのかというと、「新しい大学は、既存の知識を伝授する場所ではない」ということです。「大学はむしろ知識をつくり出す場所になるでしょう」と言いました。

知識をつくり出すためには何が必要かというと、文系ならゼミナールなんです。先生が学生に一方的に話をして、知識を伝えるというのは大学の基本じゃない。みんなが本を読んできたり研究をしてきたりして、それを発表して議論する。先生が言ったことに対して学生が食いついていく。議論する。そういうゼミが文系の学問の中心になったんです。

また、理系は実験です。すでにある学説とか理論を学ぶということが中心ではなくて、先生や仲間と一緒に実験をしようということで新しい大学をつくっていきました。

これが大ヒットします。ドイツのやり方でベルリン大学が非常に目覚ましい成果を挙げ

たものですから、ドイツの大学の地位が上がって、ドイツ型のモデルがヨーロッパ中に広がっていきます。

●ヨーロッパ中にドイツ型モデルが広がった

ドイツに生まれた19世紀の大学というのは、中世に生まれた大学から転換して生まれ変わっているのです。

12~13世紀に生まれた中世の大学は14~15世紀に広がって、16~17世紀に一度死にます。そして19世紀に復活して、今度はドイツ型のゼミと実験室を中心に活動します。学び、創造する大学がヨーロッパに広がって、このドイツ型モデルがイギリス、それからアメリカにも拡大していったのです。

ところが、ここでアメリカが出てきます。

アメリカは19世紀末までドイツの後塵《こうじん》を拝することになります。優秀さにおいてドイツに追いつけないんです。ハーバード大学、イェール大学、プリンストン大学、スタンフォード大学など有名な大学がありますが、学生たちは出身大学のレベルが低くてどうしようもないと思っていたんです。ハーバードよりもベルリン大学とかミュンヘン大学。「とにかくドイツの大学はすごい」「ドイツに留学しなくては！」とみんなが思っていたんです。

ドイツ留学してドイツの大学の卒業証書を持っている方がいい。アメリカの大学は一生懸命にドイツの大学みたいになろうと改革するんですが、うまくいかないんです。

ただし、アメリカの大学にはドイツの大学にないものがありました。教養教育が厚みを持っていたんです。ドイツは専門教育で、ゼミと実験室中心です。ドイツのまねをするとリベラルアーツ（教養教育）を学ぶ人が入れなくなるのでは、という批判が出てきました。

●アメリカ独自の方式が誕生

そこでアメリカは、学部を改革するのはやめよう、と決めました。イェールもプリンストンもアメリカの大学はリベラルアーツ・カレッジなんです。そこで、カレッジの上にグラデュエート・スクールというものをつくって、ここで学生に専門性を高めてもらい、修士号や博士号などを出していくことにしました。

ドイツのユニバーシティに相当するものを、グラデュエート・スクールでやると決めたことが大成功につながります。

●日本はドイツとアメリカの混合型

日本の大学が大きく間違っているのは、ユニバーシティもカレッジもグラデュエート・スクールも区別ができていない、という点です。

ユニバーシティはドイツ型、つまりヨーロッパ型です。ヨーロッパのユニバーシティの仕組みというのは、教育と研究の合致です。実験室とゼミで学生と先生が非常に高いレベルで議論したり実験したりするという形です。

これに対してアメリカでは、カレッジで教養教育的なことをやります。その上にグラデュエート・スクールをつくって、カレッジ＋グラデュエート・スクール＝ユニバーシティというコースをつくる。双方で仕組みが違うんです。

アメリカとドイツについて言うと、第一次世界大戦と第二次世界大戦でドイツが負けていますから、ドイツの力はどんどん弱まりました。そうして第二次世界大戦後になると、アメリカのシステムの方が当たり前だと、みんなが思うようになったのです。大学の上に大学院があるのは当たり前。大学院は修士号や博士号を出す。これはアメリカのモデルです。

日本の大学が難しいのは、日本の大学の成り立ちがドイツ型のモデルであり、戦後はアメリカ型を取り入れているからです。

そんな状況を理解していただいた上で、最初の話に戻りましょう。文系がどういう役割を果たすのか。このことについて、お話をしたいと思います。

4 文系はどのように役に立つのか

●文系は道楽なのか

マスコミの報道をきっかけにして、「大学が役に立たないのではないか」「文系は役に立たないのではないか」という議論が起こりました。それには多くの文系の先生方が反論しました。

しかし反論の中には、結構な数でこういう意見がありました。「確かに文系は役に立たない。役に立たないけれども、世の中には役に立たないものだって大切なんです」。そんな意見です。

私はその話を聞いて、すごく違和感を持ちました。自分たちのことを役に立たないと言ったら終わりだろうと。「役に立たないけれど、いさせてください」というのは、「道楽みたいなものですが、そういうものがあってもいいでしょう」というのと同じです。それは当時の「理系は役に立つけど、文系は役に立たない」という議論に対する的確な批判にならないと思いました。

●「役に立つ」の意味

もちろん「役に立つ」というのは国のために役に立つということだけじゃなくて、社会のために役に立つ、ということを含みます。あるいは人類のために役に立つ、ということです。

役に立つというのは二つあります。一つは目的に対する手段として役に立つということです。例えば徳島県から東京まで行くのに、飛行機、新幹線、車のどれで行くのが近いのか。「目的を達成するためにどういう手段が一番役に立つのか」というと、この場合には飛行機が一番役に立つということになる。これは目的を遂行するための「手段的な有用性」といいます。

この「手段的な有用性」においては、やはり工学部にかないません。目的に対してどんな技術的な手段を組み立てていけばいいのかは、工学部が実験したりつくったりするわけですから、工学的な知識というものが当然必要になってきます。

●「目的や価値を創出する」という有用性

もう一つ。「目的や価値を創出する」ことで、役に立つということがあるんです。これを私は「価値創造的な有用性」と言っています。

先ほどの「手段的な有用性」、つまり目的に対して役に立つということは、当然ながら与えられた目的に対してのみ、役に立つということです。

ところが与えられる目的というものは、時代とともに変化するわけです。例えば1960年代の日本にとって何が一番大切か、2010年代の日本にとって何が一番大切かということを考えると、価値の基準は50年ぐらいの間に変わっているのです。

例えば1960年代の東京オリンピックのスローガンは「より速く、より高く、より強く」でした。速く、高く、強く成長する。つまり大量生産ですね。より大量に、より高速に、より高品質のものをどんどん生産していく。これが価値でした。

ところが2010年代は違います。私たちが価値を感じるのは、「より愉しく、よりしなやかに」。価値の軸が新しく変わっていると思うんです。

●ソニーはなぜアップルになれなかったのか

もう一つ、別のお話をします。

ソニーはなぜアップルになれなかったのでしょうか。ソニーの技術力を持ってすれば、アップルのようになれたのではないでしょうか。

ソニーのウォークマンとアップルのｉＰｈｏｎｅは、どこが違うのか。ウォークマンはやはり携帯化した音響機器で、この概念を崩していません。ところがｉＰｈｏｎｅは、電話やパソコンという概念を壊していったんです。新しい価値、新しい概念をつくったんです。そこが、決定的に違います。

何が言いたいのかというと、短期的な視点、３年や5年といった単位では、社会的な価値体系や価値の軸はそれほど変わりません。ですから工学的な有用性の方がよく見えるかも知れません。

でも30年、50年という長いスパンで歴史を見たら、歴史の軸、価値の軸、私たちが当たり前だと思っているパラダイムが転換しているんです。この転換がなぜできるのかというと、私たちが当たり前だと思っていることが「実は当たり前じゃないんだ」と、内部から批判するからです。問い返す力です。内側から批判することができたときに、転換が起きたのです。

ところがその場合、今は当たり前だと思っていることも50年前は全然違った、１００年前はもっと違った、５００年前はもっともっと違った、ということをちゃんと認識して分かっていないと、当たり前だと思っていることを批判できないのです。

●価値の変革を見通す力

日本の社会で当たり前だと思っていることは、イスラム社会では当たり前ではありません。アフリカでも当たり前じゃない。ラテンアメリカでも違う。国や文化が違ったら、当たり前じゃないんですよね。そうすると文化的な違い、根本的な価値の軸の違いに対して、ちゃんとした知識と認識を持っていなければいけない。これが文系が「役に立つ」ことなんです。

文系というのは理系よりも、ずっと長い歴史的なスパンでものを見ることができるということ。そして文系は、理系よりも多様な文化が存在するということや、今と違うもの、その違うものを扱っていることを認識していて、価値の変革というものを見通す力を鍛えている。そこに価値があるのではないでしょうか。

●中世の大学で一番役に立った学問

今では当たり前のように言う「文系」ですが、文系・理系の区別ができたのは比較的最近、18世紀末以降のことです。

中世の大学で一番役に立つ学問は何だったと思いますか。それは「神学」なんです。中世に大学で役に立つと考えられていたものは三つ、「神学」「法学」「医学」です。医学は人のために、法学は国のために役に立つ。でも神学の方がもっと役に立つというんですよ。なぜならば神学は神様のために役に立つから。人間よりも国家の方が偉い。国家より神の方が偉いんです。一番偉い神様のために役に立つんだから、神学が一番役に立つということです。

それに対してリベラルアーツはどうでしょう。リベラルアーツというのは数学、天文学、論理学、修辞学、文法学、それから音楽。これらをまとめてリベラルアーツと呼んでいますが、これには文系・理系の区別がありません。このリベラルアーツという概念が16世紀や17世紀になると、哲学=フィロソフィという概念に転換していきます。

●文系は「価値の学問」である

ですから哲学は文系だけに属するのではないんです。哲学という概念の中には数学や天文学も含まれているからです。デカルトは哲学者であるだけじゃなくて数学者でもあります。哲学と数学は区別できません。つまりつながっているんです。哲学でもあり数学でもある。文系・理系が区別されない時代がずっと続いていたんです。

じゃあどこで文系と理系の区別をつけ始めたかというと、18世紀の終わり。理由は産業革命にあります。

産業革命によって機械技術が発達し、ヨーロッパ中に機械が広がっていきました。そうすると新しい工学的な技術によって世の中がどんどん変わっていく。世の中が変わっていく中で、役に立つ理工系、機械工学とか物理学などと、それ以外の学問が区別されるようになります。19世紀末になると、人文社会科学、文系という区別が出てきます。

19世紀末以降の社会科学者や人文社会科学者、文系の学者たちは、そこで考えました。私たちの学問の意味は何だと。単に目的に対する手段として役に立つだけならば、自然科学とか物理学とか機械工学に負ける。考えた末の結論は何かというと、「自分たちの学問は価値の学問だ」ということ。価値をつくり、価値とか意味を考えるということが自分たちの存在価値ではないかと考えたわけです。

●人生の意味、それから社会の意味を問う

私たちの社会の価値、人生の価値、人生の意味、それから社会の意味。私たちの社会は、一体どっちに向かっていけばいいのかということを考える。私たちの学問というのは、常に目的をつくり出す学問であり、それには意味があり価値がある。

そこから人文社会科学・文系のテーマは、意味とか価値の問題なんだ、と突きとめるわけですね。20世紀以降の文系は、そういう形で進んできたと思います。ですから中期的長期的な有用性として文系の地位があるのです。

●日本の歴史は基本単位が25年

では長期的な視点を持つことの有用性の例として、歴史のお話をしたいと思います。日本の歴史は基本単位が25年だという説があります。実はこれは、私の説です。

戦後の歴史を考えてみてください。戦争が終わった1945年に25を足してください。1970年です。この年代には大阪万博、大学紛争、オイルショック、日中国交正常化。

もろもろの劇的な変化が起きました。

つまり1945年から1970年までは戦後の経済復興、高度成長期です。経済がどんどん良くなって、1970年にそれが頂点に達します。

●豊かな消費社会から右肩下がりの苦しい時代へ

1970年から、これに25を足した1995年までの日本は豊かな時代でした。豊かな消費社会、豊かで安定的な日本社会を享受した一番幸せだった時代。戦後の日本が一番幸せだった時代が1970年から1995年までの25年間です。

1995年に阪神・淡路大震災、それからオウム真理教事件が起きて時代が暗転します。1995年以降の日本の社会というのは、皆さんが経験されている通り右肩下がりなんです。日本のいろいろな矛盾や問題点が露呈していって日本は苦しくなります。非常に厳しくどんどん下がっていく。これが1995年から2020年。東京オリンピックまで、日本はなかなか難しい状況にあると思います。

●明治維新から終戦へ

さて、今度は１９４５年から25を引いてみましょう。１９２０年、第一次世界大戦があった頃です。関東大震災は１９２３年です。そのあたりから日本はファシズム。軍国主義になっていきます。昭和恐慌があって、軍部が台頭して満州事変が起き、日中戦争へと向かっていきました。戦争に徐々に向かっていく25年間なんです。

１９２０年からさらに25を引いた１８９５年は、高校の教科書に出てきます。日清戦争です。日清戦争によって日本はアジアに植民地を獲得していきます。日清日露の二つの戦争を経験し、やがて日本は帝国主義国家になっていく。１８９５年から25年というのは帝国主義的に日本がアジアで拡張していく25年です。

さらに、１８９５年から25を引いてみましょう。１８７０年です。明治維新は１８６８年。近代日本の国家建設。文明開化、殖産興業、富国強兵をやって明治国家が立ち上がっていく時期が、この25年なんです。

●歴史は構造的に動いている

偶然と言われるかも知れませんが、だいたい25年くらいごとに歴史が大きく変化していると分かっていただけたと思います。

5年や10年の単位では短すぎるんです。歴史を見る目が短期的すぎるから、大きな流れの変化が見えないんですね。25年、50年、100年という長い単位で歴史を見ると、歴史は構造的に動いているというのが見えてきます。

●長期的な視野で考えよう

今の多くの日本人は、未来を見るとき、「今年は景気がいいぞ」「3年先はどうなる?」とか、短い単位でしか考えられなくなっています。変化が早くてどんどん先が読めなくなっているから、必死になりますよね。けれども、そうすると逆に不安になるし、どこに社会が向かっているかも分からなくなってしまいます。

私は、1年先や3年先を予見することは確かに難しいことだと思っています。でも、もっと長期的に20年後や50年後はどうなるのかと考えると、ある程度分かるんですよ。なぜなら、歴史には趨勢《すうせい》というものがあるからです。

今から30年後、大学生の皆さんが50歳代になるときに時代がどうなっているかということは、ある程度ちゃんと勉強すれば分かります。そうやって遠くまで見ながら近くのことを考えるということが、実はとても大切なのです。

5

人生100年時代は、大学・大学院で3回学ぶ

●私が考えている大学の理想形とは

最後に、私が考えている大学の理想形についてお話ししましょう。

私が考えている大学の理想形は、文系でも理系でもありません。文系でも理系でもなく

両方です。宮本武蔵のように、二刀流ということになります。

これはアメリカのリベラルアーツ・カレッジではかなり実現しているもので、主専攻と副専攻があるダブルメジャーといいます。

例えば皆さんの中でコンピューターサイエンスを勉強している人がいたら、法学部で知的財産権についても勉強するということです。

とにかく二つやる。二つやるということに、すごく意味があります。それは「壁を越える」ということでもあります。

●二つの専門領域を持つ

日本の社会はたくさんの壁に取り囲まれています。まずは入試の壁。高校時代には、大学にどういう学びがあるか分からないんですよ。ここは偏差値が高いとか就職率がいいとか、大学の学びに関係なく入学試験を受けるから、大学に入ってからもよく分からない。

就職活動のときも同じです。その会社でどういうキャリアが待っているのか分からない。この会社は人気があるとか、給料がいいとか、それだけです。

こんなふうに、今の日本の社会は壁だらけなんです。これではグローバル化に耐えられない。

そこで壁を越えて見通しをよくするためにも、二つのことを学びましょう。一つの専門領域だけやっているのではなく、二つやる。宮本武蔵と佐々木小次郎の戦いを思い出してください。佐々木小次郎は長い刀、宮本武蔵は二本の刀だった。どちらが勝ったかというと宮本武蔵でしたね。なぜかというと長い刀には限界があるからです。でも二つの刀があれば、勝てるでしょう。

二つの専門をある程度学んで両方をマスターすると、相当見通しが良くなります。複雑で流動的な世界のためには、理系と文系という分野を超えて、二つの学びが必要なのです。

●大学や大学院で3回学ぶ

今、大学は二度目の死、ないしは三度目の誕生を経験しようとしています。

一度目の誕生は12世紀。二度目の誕生は19世紀。三度目の誕生が21〜22世紀だと、私は考えています。

大学が三度目の誕生を迎える今は、人生100年時代でもあります。人生100年時代に私がおすすめしたいのは「大学に3回入る」ということ。大学の未来のビジョンを考えたとき、大学の3分の2ぐらいは18~20歳の人。残りの3分の1くらいは30代の人や、もっと離れて60歳前後の人がいる。そんな光景を思い描いています。

いろいろな人にとって大学が一生懸命に学ぶ場になり、キャリアチェンジや人生の転機には大学で学び直す。人生で大学・大学院に3回入るというふうにしていこうと考えています。

日本の18歳人口はどんどん減っています。しかし大学はどんどん増えてしまっています。最近は大学の経営が厳しいとお伝えしましたが、それを解決するためにも、これしか道がないと思っています。

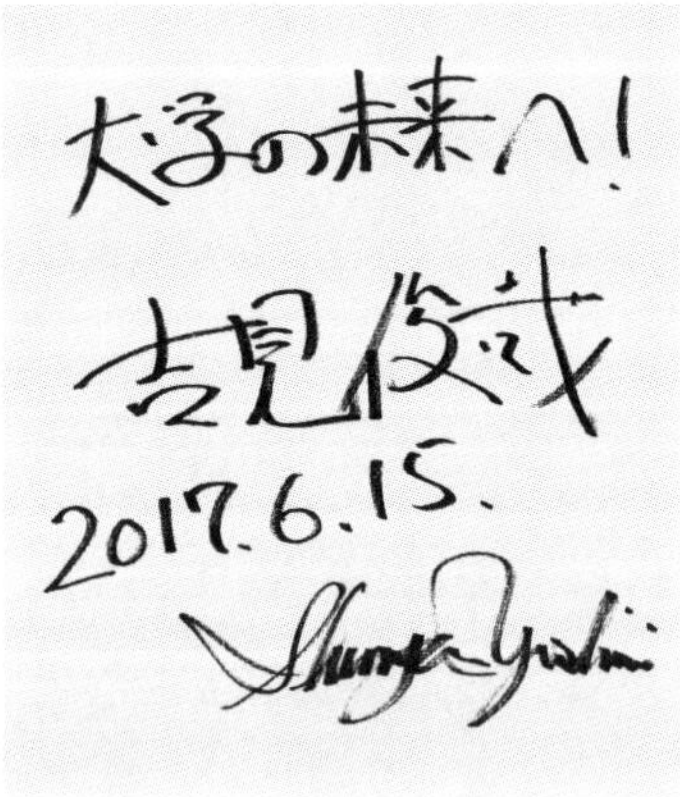

2017 年 6 月 15 日講演
吉見俊哉氏

〈鼎談〉

3

30歳代前半は、大学で学び直せ

吉見俊哉
東京大学 大学院情報学環 教授

青野 透
徳島文理大学 総合政策学部 教授

桐野 豊
徳島文理大学・
徳島文理大学短期大学部 学長

●二つの学部学科に所属して実践の力をつける

青野 吉見先生が指摘されたように、歴史を25年というスパンで考えたとき、多くの人が少なくとも2回か3回、価値の軸の大変換を経験する可能性がある。それを覚悟で生きていけるとすれば、これほど余裕を持った生き方はないんじゃないかと思います。

つまり今の価値観が必ず変わるということを覚悟しながら生きるということ。こうすることで、人生をより豊かに生きられるし、自分の人生から不安が少しなくなるわけです。

吉見俊哉氏

桐野　確かにそうですね。また、日本の大学が混乱している理由については、日本はもともとドイツ型の大学だったのに、アメリカ型を合体させたからだというご指摘でした。カレッジとユニバーシティとグラデュエート・スクールが混じってしまったということ、本当にその通りだと思います。

20世紀の終わり頃ぐらいから21世紀にも、アメリカ型の大学が一番成功しているとほとんどの人が思っていて、アメリカを手本にしてやっていくんだろうと思うんですが、こういう解釈でよろしいでしょうか。

吉見　ドイツの大学やヨーロッパの大学自身が、どんどんアメリカ型に転換していますから、もうドイツ型には戻せない。方向的にはアメリカ型になるでしょう。

ところが、こうすると中途半端になるんですね。日本の大学をアメリカと同じような仕組みにすると、専門教育がなくなるからです。つまり学部には専門教育が必要なくて、専門教育はむしろ大学院からという話になるんですね。

日本は大学の教育体系そのものが専門教育型の体系であって教養教育の場ではない。それを自分で転換するということは相当難しいです。だとすれば専門教育の形の良さを残しながら、実質的に学部の形をアメリカのカレッジのような教養教育型というか、より横軸を広げて強化するのが良いのではないかと考えています。宮本武蔵の例のように、二つの専門をやること。最低でも二つ、できる人は三つ四つやるというのが、横軸の広げ方です。

つまり学部を二つ選んで、メインとサブを決めます。これは実際にＩＣＵ（国際基督教大学）が実践しています。そういう仕組みに変えていくのが一番いいと思います。

青野 透氏

ただ、これには抵抗が大きいですね。なぜ大きいかというと、先生から見たときに、学生たちの所属がはっきりしなくなるからです。

これまでは、自分の学部学科に入ってきた学生たちは１００パーセント自分の学部学科の学生でした。ところが「この先生のところには60パーセント所属しています。40パーセントは別の学部の先生に所属しています」ということになると、どちらに所属しているのかはっきりしない、ということになるんです。

ですから、学生の一つ一つのキャリアを明確にデザインしつつ、それをコンサルティングしていく仕組みを大学の中につくる方法が良いのではないかと考えています。そして学生が一つの学部学科に所属するのではなく、二つの学部学科に所属するような仕組みに日本の大学を変えていく。二つの学部学科に所属しながら、実践の力をつけるしかない、というのが私のメッセージです。

桐野 豊

青野　音楽についてはどうでしょうか。本学は音楽療法がありますが、まさに医療と音楽で人を健康にするということで二つの分野横断を実践できる教育をしています。

吉見　なるほど、医療、医学系ですね。音楽について専門性があり、医学系のこともできるとなれば、どの企業・団体でも採用しますね。世界中から引く手あまただと思います。

つまり組み合わせなんです。二つの組み合わせをうまく考える。そうすると、例えば医療だけの人とかコンピューターだけの人よりも音楽ができる方が圧倒的に強いですよ。二刀流の一本は文系あるいは理系であることが、すごく大切だと思います。

●フィルターバブルで世界が分断される

桐野 「新聞を読めとおっしゃいましたが、新聞はどこから読んでいいのか分からないし、字も小さい。それはスマホが使えない人が言うのではないか」という学生からの意見があります。「自分はスマホを使えるようにしているので新聞を読まなくても社会でやっていける自信があります」と学生は言うのですが。

吉見 なるほど、これについては「フィルターバブル」という言葉をご紹介しましょう。

例えばアマゾンで本を買うと、「こういう種類の本も読みたかった」というものをアマゾンが推薦してきませんか。これはアルゴリズム、つまり個人が買っている本やクリックしている本をアマゾン側が全部データ化していて、「こんな傾向のある人は、きっとこの本を読んだ方がいい」とすすめてくるわけです。

皆さんがどんなニュースをインターネットで見たり検索したりしたかという情報は、統計的に監視されているということです。そして「この人はこういうニュースが好きなんだ」「こういうニュースを見るに違いない」「こういうニュースから影響を受ける」ということをＡＩ（人工知能）が計算して、皆さんにあったニュースを送っているんです。

だから「私が知りたいと思う世の中の情報は、大体スマホで得られる」と思うのはスマホが賢いからです。賢いスマホが、あなたに必要な情報を提供してくれるんです。これが進むと、あなたが知りたい情報はスマホで得られるけれど、知りたくない情報やどうでもいいと思っている情報は、あなたのスマホに決して出てこない状態になります。

さらにどうなっていくかというと、あなたが嫌いな人やあまり会いたくない人は、スマホでつながることがなくなるんです。これを「フィルターバブル」といいます。フィルタリングアルゴリズムというのが発達していて、それぞれの好みで世界が分かれていく。他者、つまり自分と価値観の違う、あるいは自分が今まで知らない世界とは永久に出会わなくなるんです。それがインターネットの世界で起きていることです。

インターネットの世界というのは自分が非常に気持ちがいい、関心がある、自分が好みだというところだけに集約していきます。だからそこで提供される情報だけに注目していると、外側の世界を知らないままになってしまいます。これは大変危険です。

一生この世界で自足して生きていく、世界に何が起きようが自分の世界で自足している。そういう世界がいっぱい生まれていて、それで終わるんです。そういう世界をインターネットはもたらしつつあるのです。ただ、私はそのような世界に未来はないと思います。

●文部科学省についての報道

桐野　「現在の大学の混乱や衰退は既得権益を持った人間によって引き起こされているのではないか。文部科学省の方が大学に天下りして大学の運営に関わっているから、日本の大学は変われないのではないか」という意見があります。文部科学省に対して先生はどんなふうに考えますか。

吉見　なぜあのタイミングで文部科学省の天下り問題があれほど騒がれていったのか。この点に注目することも大切です。

天下りというのは中央省庁に広く見られる現象です。財務省も経産省も農水省もほぼ主要な中央省庁に同じように天下り現象があります。ところがあのとき、特別に文部科学省がたたかれた。文部科学省がいいとは言いませんが、なぜあのタイミングなのか。そのときの政治的な文脈は？　加計学園問題で文部科学省と官邸がぶつかりましたが、これはどういう形で生じたのか。

政治的な非常に複雑な文脈から完全に切り離して、文部科学省の天下り問題だけをあの時点で扱うべきだったのか。報道されていることの背景にはもろもろの政治的歴史的な深い文脈が必ずあるんです。舞台裏があるということです。表面だけを見てメディアが言っていることをそのまま信じるということは、メディア・リテラシーが低いということになります。物事を読み込んだり深く考えたりして、舞台裏をどこまで見られるか。いろいろな社会や政治と文脈を深く考えていくと、推論が成り立ちます。

大学で学ぶということは、知識の裏側、知識が生まれてきた文脈、その背景や知識を生み出していった人、それから知識の中にある嘘、そういうものを見分ける力をつけることです。いろいろな知識を自分の頭の中に入れることだけが大学での学びではないんですね。そのことをぜひ理解してほしいです。

●30歳代前半が学び直しのチャンス

桐野　先生が３回大学に入るということを提案されましたが、２回目の30代で大学に入るのは現実問題として非常に難しいのではありませんか。

吉見　これは分かりやすいです。学生たちは、大体22、23歳で卒業して就職します。それから10年間は、大学に戻らない方がいいと思います。よっぽど環境がひどい場合を除いて、何とか10年、その仕事を頑張っていく方がいいと思います。

10年頑張れば、その職場がどういうふうに回っていて、自分はその中でどういう位置にいて、将来的にはどういう役職につけそうか。また、この仕事は本当に自分に合っているのか、一生をかけるべき仕事なのか、ということが分かると思います。10年という期間があればそれなりのプロになれますから。

それで「もうちょっと違う仕事の方が合っていたんじゃないか」と思ったときに、転職できるギリギリのタイミングが30代前半だと思います。皆さんが結婚して子どもが生まれたとして、その頃は大体20歳代から30歳代ぐらいでしょう。子どもが小学生になるまではまだ何とかなる。でも子どもが小学校高学年とか中学生になると、受験があったり、学費がかさんできたりします。子どもが2、3人いるのに給料が減ったら大変でしょう。家庭の事情が転職を許さなくなってきます。

ですから30歳代の終わりから40歳代ぐらいで転職するのは難しいわけです。けれども30歳代のはじめだったら、子どもがいたとしても赤ちゃんだから何とかなる。あるいは夫婦共働きで頑張れば、まだ違う道にチャレンジできる。チャレンジする前に大学や大学院にもう1回入って、違う道を選ぶという可能性が残されたギリギリが30歳代前半なのではないかと思います。

その次に、子どもが成長するのを待って、子育てを終え、定年が見えてきたときに大学に戻る。平均的に70歳代の終わりぐらいまで、まだ多くの人は元気ですから、60歳前後で入学するとあと20年近くあるでしょう。この20年を余生ではなく、もう一つの花を咲かせようと考える。これが60歳前後で大学や大学院に行く意味だと思います。

第4講座

日本の未来をつくる「創薬とレギュラトリーサイエンス」

超高齢社会の課題とビジョン

特定非営利活動法人 医薬品・食品品質保証支援センター代表理事、薬剤師

成田 昌稔

1　超高齢社会の課題

私は30年以上、厚生労働省で医薬品関連の仕事に携わってきました。医薬品が安全に使われるように、また、新しく開発された薬などが有効に安全に、そして早く必要な方々に届くよう、品質、有効性、安全性を審査承認するという仕事などを行ってきました。

厚生労働省を退職した今も、医薬品関係の仕事をしております。今日は薬剤師の立場から、超高齢社会における高齢者の薬物治療の問題点やこれからの薬局が地域で果たす役割、製薬産業、創薬やレギュラトリーサイエンスなどについて、薬に携わってきた観点からお話ししたいと思います。

●創薬とレギュラトリーサイエンスとは

レギュラトリーサイエンスというのは、「科学技術の成果を人と社会に役立てることを目的に、根拠に基づく的確な予測、評価、判断を行い、科学技術の成果を人と社会との調和の上で最も望ましい姿に調整するための科学」（第4期科学技術基本計画 平成23年8月

19日閣議決定）とされています。健康医療戦略推進法においても、同様の内容でレギュラトリーサイエンスの考え方が示されています。

超高齢社会について話をするときに、なぜ「創薬」や「レギュラトリーサイエンス」という言葉が出てくるかというと、これらが超高齢社会の課題を乗りこえるカギになると思われるからです。

日本はこれまで「超高齢化社会」と言われていましたが、すでに日本は「化」じゃなくて、さらに進んでいます。つまり「超高齢社会」なのです。まずは、今の日本が直面している超高齢社会の課題についてお話させていただきます。

成田昌稔氏

●2060年の日本は2・5人に1人が65歳以上

皆さんは、日本の人口が近年減少局面を迎えていることはご存じだと思います。2017年の推計では、2060年には総人口が9000万人を前後に、65歳以上の方が人口に占める割合である高齢化率は、40パーセント近くになると推計されています。日本人の約2・5人に1人が65歳以上となるわけです。

ただ、5年前の推計に比べて人口の減り方が幾分緩くなっていて、2060年時点で数百万人ほど人口が多い推計になっています。なぜかというと、合計特殊出生率が少し上がったからです。合計特殊出生率とは一人の女性が平均して一生の間に子どもを何人産むかを示す数字で、5年前の推計に用いた値は1・35だったところ、2017年では1・44を用いています。この数値が今後も続くという前提で計算された場合、2060年時点で人口が数百万人、上振れしたわけです。

●毎年30万人の都市が消えていく日本

合計特殊出生率が、どうして1・35から1・44になったのか。数字から言いますと、30～40歳代の女性の出産が増えてきたからです。

それでも深刻な状況は変わりません。2016年の人口動態統計では、生まれた方が98万人、亡くなられた方が131万人。差し引き33万人が自然減になっています。33万人というと、ある程度大きい都市、例えばある県の県庁所在地などが毎年一つずつなくなっていくような感じです。今の日本はそういう状況だということです。これに対してどう対応していくのかというのが大きな課題なのです。

日本の人口構造の変化を見ると、現在は現役世代2・2人で1人の高齢者を支えている社会構造になっており、2060年には1人の高齢者を1・3人で支えるようになると見込まれています。

●超高齢社会を支えるカギ「薬」

そんな状況ですから、現在でも社会保障給付費は上昇し続けています。医療・年金・介護などで、現在は116兆円に達しています。2060年には約40パーセントが65歳以上の高齢者と推計されているので、医療費や介護費がぐっと増えてくるんじゃないかと言われています。こうした医療・介護を担保する財源や医療体制、介護体制が求められることになります。

日本はすでに超高齢社会の中にあり、それに対する医療、介護などの社会保障体制を構築することが急務です。そして、それを支える成長戦略の展開が不可欠です。高齢者、国民の「健康寿命」を延伸する市場を創造する成長戦略が、今、求められています。

「社会保障制度の構築」と「健康寿命を延伸する市場の創造」が、超高齢社会の課題であり、この二つに共通のものが「薬」です。超高齢社会の医療、介護の中で、薬をいかに有効かつ副作用を抑えて安全に用いていく体制を作っていくかが、重要な役割を果たすことになりますし、健康寿命を延伸するための有力なツールである「薬」を産業として伸ばし、国民の「健康寿命」の延伸を目的にした市場を創造していくことが成長戦略につながっていきます。「薬」が超高齢社会を支える重要な「カギ」となります。

●高齢者の投薬にはさまざまな課題がある

高齢化という点では日本がトップを走っていますので、日本がこの分野における世界のリーダーになり得るところと思います。高齢者の特徴を見てみましょう。

高齢者にとって、薬はどう影響するのか。日本老年学会が、高齢者の疾患の特徴と薬物治療への影響についてまとめています。高齢になると複数の疾患があり、慢性疾患が多くなります。そして症状は非定型的でいろいろな症状が現れてきます。臓器の機能が低下してきますので薬物の体内動態が変わってきます。低下の度合いは人によってかなり異なります。それから認知機能、視力や聴力が低下してきます。

その結果として多剤投与の問題が出てきます。1人の患者さんがたくさんの薬をのんでいる状況です。診療科は一つじゃなくて、いろいろな医療機関、お医者さんにかかっている。慢性疾患ですから長期服用になる。なにより症状の出方が多様になりますので原因がはっきりしないと対症療法に頼ることになってしまいます。腎臓や肝臓の機能が低下するなど薬物動態が変化すると過剰投与という問題も出てきます。また認知機能も低下するため、薬をのんだかどうか忘れてしまうことも、間違ってのむということも起こります。

●大量の残薬《ざんやく》という問題

高齢になるほど通院する方が増えてきます。複数の医療機関から10種類を超えて投薬されている方がかなりの割合存在します。これは一つのデータで、75歳以上の方ですけれど、10種類を超える方が27パーセントという状況になります。いろいろな診療科にかかる、多剤が投薬される結果として残薬（調剤されたものの服用・使用されなかった薬剤）がいっぱいでてきてしまうわけですね。残薬が多いとお金がもったいないじゃないかという意見があるかもしれません。でもその前に、これはお医者さんからの処方箋に基づいて薬剤師が調剤しているわけですから、患者さんが服用しなければ、その薬で症状が良くなったのか分からないわけです。処方された薬をのんでも症状が進んでいるとすれば、さらに薬が増えてしまいます。悪循環になっているかもしれませんし、実際には投薬しなくても良かったかもしれない。

本当に患者さんのための医療ができているのか。のみ忘れ、のみ残しや症状の変化により生じたと思われる多量の残薬。こういうことが今、起きています。

●高齢者における医薬品の安全対策の推進

このような状況から高齢者を守るために、医薬品の安全対策の推進が必要になっています。高齢化が急速に進展して、高齢者への薬物療法に伴う問題が顕在化したからです。

例えば肝機能の低下、体成分組成の変化による薬物動態の変化、合併症による多剤投与の増加、多剤投与による副作用の増強、薬物間相互作用の発現（精神、麻薬等）などがあります。医薬品の情報提供は単品単位で行われ、複数薬剤を包括した注意喚起が十分には行われていないことも大きな問題です。また、のみ忘れ等、服薬管理の必要性が高い患者にも対応が急がれます。

このように高齢者における医薬品の安全性についてはいろいろな問題点が指摘されていますので、今まさに高齢者医薬品適正使用検討会で検討されているところです。

●最期を看取られたい場所は「自宅」

介護保険のサービスを受ける方は、年齢とともにどんどん増えてきます。要介護者では要支援者と比べると屋内でも介助が必要な方や介助なしには外出できないという方の割合が高くなっています。

また、高齢者に対して「介護を受けたい場所はどこですか」という調査をしたところ、「自宅」が一番でした。それから「最期を看取られたい場所は」という調査でも半数以上の方が「自宅」と答え、これが一番多い回答でした。

●フレイルの概念

皆さんは「フレイル」という言葉を聞かれたことがありますか？　フレイルについては、学術的な定義がまだ確定していないようですが、人の健康状態を「健康」「フレイル（虚弱）」「身体機能障害」「死亡」という四つのフェーズに分けたとき、高齢になることにより筋力、精神面が健康な状態から後退した状況（フレイル＝虚弱）を表した言葉のことです。「加齢とともに、心身の活力（運動機能や認知機能等）が低下し、複数の慢性疾患の併存などの影響もあり、生活機能が障害され、心身の虚弱化が出現した状況であるが、一方で適切な介入・支援により、生活機能の維持向上が可能な状態像」と定義しているものもあります。

高齢者の方には、健康状態と身体機能障害の「中間状態」、つまり、健康とは言えなくても身体機能障害にならない「フレイル（虚弱）」で止まってもらえるような取り組みが必要ということになります。

2 地域包括ケアシステム構築に向けて

●地域包括ケアシステムを構築する理由

日本はますます超高齢社会になっていきます。特に第二次世界大戦後のベビーブームに生まれた団塊の世代が75歳以上になる2025年は大きな節目です。そこで重度な要介護状態になっても、住み慣れた地域で自分らしい暮らしを続けていける体制を作っていこうと、国は2025年を目標に医療・介護・生活支援が一体的に供給される「地域包括ケアシステム」の構築を進めています。

このシステムでは介護や医療、生活支援など必要なサービスが、おおむね30分以内に提供される日常生活圏域（具体的には中学校区）を単位として想定しています。でも各地で状況が異なっていて、例えば医療機関の配置の状況、薬局の数、介護の体制、人口構成も含めて違う。だから、地域包括ケアシステムは、市町村や都道府県が、地域の自主性や主体性に基づき、地域の特性に応じてつくり上げていくことが必要です。

歯科についても2025年に向けての検討が進んでいます。昔は基本的に虫歯の治療が中心でしたが、それだけではなくなってきています。高齢者にとって、咀嚼《そしゃく》機能をどう維持していくかという課題があり、さらに、口腔機能の改善維持が重要になる。歯科診療所だけではなく、病院とか地域とかを含めた体制が必要になってくる。歯科保健医療のビジョンの検討も進んでいます。

●医薬品のイメージ

今度は薬の観点から見ていきたいと思います。まず、薬のイメージについて見てみましょう。病人に使われるもの、病気の予備軍に使われるもの、効果はあるけれど副作用もある。副作用は個人差があるので予測は必ずしも正確にはできませんし、場合によっては副作用や効果が本人にも分からないことがあります。特に高齢者の場合は、自覚症状や副作用の意識がないかもしれないし、薬が効いているということも実感されていないかもしれません。医薬品は自動車やパソコンなどと同じ工業製品ですが、自動車やパソコンと比べると、品質や効果、副作用が分かりづらいという問題があります。それに医療保険制度もありますね。

このため、医薬品医療機器等法（旧薬事法）では、医薬品について、「疾病の診断、治療、予防に用いられるもの」とし、やはり品質、有効性、安全性のための厳しい規制が行われており、薬の特徴を理解していくことが重要です。

●日本人と欧米人で薬の効きに違いはあるのか

医薬品については、よく「海外の治験結果のみをもって承認することはできないか」「欧米の評価結果をもって承認することはできないか」と問われることがあります。単純にそのようなことはできません。

日米欧で承認されている医薬品の約3分の1は、日本人と欧米人で用法・用量が異なるとの報告があります。また、平成15年度から17年度までに日本で承認された「新有効成分含有医薬品」のうち、欧米との比較が可能であった41品目について調査したところ、13品目（31・2％）に、用法・用量の違いがあるとの報告があります。例えばカペシタビン（抗がん剤）についていうと、日本人では体表面積1平方メートルにつき1日あたり1657

ミリグラム、欧米人では2500ミリグラムとなっています。また、副作用発現の違いも見られるとの報告があります。例えば欧米人と比較すると、日本人は間質性肺炎が高頻度に発生しています。

日本人と欧米人で副作用の発現が違ってくる理由の多くは、遺伝子変異が異なっているからです。抗がん剤の投与で間質性肺炎が問題になったことがありますが、遺伝子変異のある患者の割合に差があったのです。

●医薬品とは

医薬品とは、有効成分のこととして理解している方が多いと思いますが、医薬品は、有効成分だけでなく添加物も含め製剤として理解してください。そして医薬品は、品質、有効性、安全性に関わるいろいろな技術、サイエンス、エビデンス、特許などに基づいて、多くの分野の専門家のチームにより、研究開発され、製造され、市販されます。ですから承認審査を行うPMDAでも種々の専門家によるチームにより評価がされています。医薬品は、科学・技術の結晶です。そして成分や使い方などの情報が不可欠です。

●薬の専門家「薬剤師」の業務と施設

こうした医薬品を扱うのが薬剤師の仕事です。私も薬剤師ですが、薬剤師、薬学出身者がどういうところで働いているのかと言いますと、2年ごとの届出の状況をみると届出者数28万8151人のおもな内訳は、病院4万8980人、診療所5899人、薬局16万1198人、医薬品製造販売・製造業3万7762人、医薬品販売業1万2846人、大学5103人、保健衛生6576人、その他食品・化学・化粧品分野に1万6766人となっています。(平成26年、医師・歯科医師・薬剤師調査)

医薬品の品質、有効性、安全性に関する学問が薬学ですので、薬以外の品質、安全、信頼性にかかわる分野でも活躍していただいています。しかし、薬局の薬剤師が一番多いですね。

●患者のための薬局ビジョンと健康サポート薬局

薬局としてイメージするのは、医薬分業として医師の出す処方箋に従い調剤を行う薬局ではないでしょうか。この医薬分業は、分業元年と言われる昭和49年から少しずつ伸展し、平成28年度には医薬分業率が71・7パーセントにまでなっています。医薬分業については、院内処方として医薬品を医療機関で受け取るよりも、院外処方として薬局で受け取る方が患者さんの負担額が大きい、負担の増加に見合うサービスや分業の効果などが実感できない、医療費全体が膨張している中で、医薬分業が本当に患者さんのためになっているのかなど厳しいご指摘を規制改革会議からいただきました。

そこで、今後の医薬分業の基本的考え方として、薬局の薬剤師が専門性を発揮し、患者の服薬情報の一元的・継続的な把握と薬学的管理・指導を実施する。多剤・重複投薬の防止や残薬解消など、患者さんの薬物療法の安全性・有効性を向上させ、医療費の適正化にもつなげるという方向が示されました。この基本的な考え方のもと、一人の患者さんがいろいろな医療機関から受け取る処方箋を、一つの薬局のかかりつけ薬剤師がチェックするというものです。「患者のための薬局ビジョン」として公表されました。

●患者に継続的に関わるかかりつけ薬剤師・薬局

「患者のための薬局ビジョン」で重要なのは、患者さんにかかりつけ薬剤師・薬局を持っていただくことです。かかりつけ薬剤師とは、日頃から患者さんと継続的に関わることで信頼関係を構築し、薬に関してもいつでも気軽に相談できる薬剤師のことです。

かかりつけ薬剤師・薬局に求められることは、

一、地域における必要な医薬品の供給拠点であること
二、医薬品や薬物治療について安心して相談できる身近な存在であること
三、患者のかかりつけ医と連携し在宅医療を含め安全安心な薬物療法を提供すること
四、地域包括ケアを提供する一員として、患者毎に最適な薬学的管理・指導を行うこと

があげられます。

薬物治療の面から言うと、あんなに残薬があるということは、結果的に患者中心の薬物治療ではなかったのかもしれない、という反省があります。もちろん、患者や家族が自らの医療へ参画していただくことは重要であり、さらに今後は、かかりつけ薬剤師・薬局が薬の専門家として患者と関わり、地域住民の薬物療法全体（外来、在宅医療）について一

義的な責任を持って提供していくことが必要ではないか。この体制を整えることにより、最適な薬物治療を提供していこうとする方向に進んでいます。

つまり薬の処方箋に応需するだけではなく、服薬情報を一元管理する役割です。患者さんがいろいろな医療機関にかかったとしても、いつも同じ薬剤師に調剤してもらうことで、その薬剤がどういう効果があったのか、副作用はなかったかなどをフォローアップすることができるようになるのです。

これからは在宅患者が増えてきますので、24時間対応、在宅対応ができる薬剤師が必要とされています。地域において他の医療機関、介護関係を含めてチームとして連携を密にした「かかりつけ薬剤師・薬局」をつくっていかねばなりません。

●地域包括ケアシステムにおけるかかりつけ薬剤師、健康サポート薬局

平成28年10月1日からは「健康サポート薬局」という制度がスタートしています。これは「かかりつけ薬剤師・薬局としての基本的な機能を有し、地域住民による主体的な健康の維持・増進を積極的に支援する薬局」です。服薬情報の一元的な把握、医療や介護の機

関との連携を実施し、健康維持増進に関する相談、医薬品や健康食品などの安全で適正な使用に関する助言、医療・介護など地域住民の相談役として健康サポートを行い、また、地域の薬局への情報発信など、地域の中核ともいえる薬局です。

平成29年3月末で健康サポート薬局の届け出数は267となっており、今後どんどん増えていくものと思います。

病院内でも病棟やＩＣＵなどに薬剤師の配置が進んでおり、いわゆるチーム医療が進んでいます。地域においても地域内の機関とのチーム医療体制が必要であり、薬局・薬剤師が積極的な役割を果たすことの後押しにもなっています。

２０２５年に向けた地域包括ケアシステムの構築が進んでいます。地域包括ケアシステムを担うかかりつけ薬剤師・薬局、そして健康サポート薬局になっていただきたいと思います。

3 創薬と製薬産業

●ドラッグ・ラグから日本の承認審査スピードは最速に

次に薬を作る方、製薬産業がどういう状況なのかお話ししましょう。薬は、新薬などの医療用医薬品、後発品、一般用医薬品などがありますが、ここでは、新薬を中心にお話しします。

10年ほど前の日本は「ドラッグ・ラグが大きく医療後進国だ」と言われたことがあります。では、実際にドラッグ・ラグはどのくらいあったのでしょうか。「ドラッグ・ラグ」については定義が明確にあるわけではないのですが、世界のどこかで新薬が承認されてから、実際にその国で使用できるようになるまでの時間についての調査報告があります。

結果は、わが国が１４１７日、欧米の主な国は５０５～９１５日。【注】２００４年の世界売り上げ上位１００製品から同一成分の重複等を除いた88製品のうち、それぞれの国で上市されているものを比較の対象としている。

最も短いアメリカが504日でしたから、日本の1417日はアメリカと比べて2年半ぐらい遅いと言われてきたんですね。ドラッグ・ラグの象徴のように言われたものです。このため、産学官の連携のもと、承認審査をするPMDAの強化、国内治験環境の整備、開発等に関するガイドラインの整備などが行われました。最近では、承認申請があってから承認されるまでの期間については、欧米と変わりません。

2007年から2016年における新有効成分の審査期間（中央値）の比較では、日本がここ最近3年連続で世界最速となっています。2016年には、日本の審査期間は311日、アメリカが333日、EUが422日と、日本は画期的に速くなりました。

ただし、承認申請するまでの間の「開発ラグ」というものがあり、日本に承認申請をされるまでの差がまだあるという状況です。さらに、世界で初めて承認する新薬の件数は、アメリカが圧倒的に多く、次にEU、そして日本という状況が続いており、新薬の開発の環境、審査の能力などといった差がまだまだ大きいという状況です。

●医薬品の世界市場

世界人口74億人のうち、アジア43億人、北米5・3億人、ヨーロッパ7・5億人、その他18億人という内訳ですが、世界の医薬品の市場規模は日本810億ドル、北米4560億ドル、ヨーロッパ2380億ドル、その他2960億ドルになっています（2015年）。2010年と比較すると、北米市場が伸びているんですけど、日本やヨーロッパはちょっと減っています。その他は増えていますが、これは中国市場が伸びたためです。

北米市場がダントツで成長しているわけですが、世界の人口の割合を見ていただくと北米は5億3000万人しか人口がいないのに全体の43パーセントの医薬品を消費しているということが分かります。これはアンバランスですよね。

日本企業は国内の他、アメリカ・ヨーロッパを中心に日本の医薬品を販売していますが、アジアと組んで、これから伸びる市場をうまくつかんでいく必要があります。もちろんアメリカだってヨーロッパだって、これから伸びていく市場を虎視眈々と見ているわけです。それに対して日本はどうするのかというのが一つのテーマになっています。

主要製造業の国内納税額では、医薬品は自動車に次いで2位です。つまり日本経済を支える主要な産業であり、これからも日本の中核産業として伸びていかなければなりません。

●産業としての医薬品製造業

世界大手製薬企業の医薬品売上高（2011年）では、世界1位がファイザー、2位・ノバルティス、3位・メルク。日本の製薬企業では、12位が武田薬品工業、17位・アステラス製薬、19位・第一三共、20位・大塚ホールディングスと、4社がトップ20入りしています。

ファイザーやノバルティスなどが世界的な製薬企業です。けれども世界で売られている医薬品を全部作っているわけじゃないんです。疾患の数だけ薬が必要だということを考えると、より小規模な企業であっても、あるいはベンチャーであっても、薬を作っていける可能性があるということです。だから医薬品産業は面白い。

●医薬品の貿易収支

医薬品の貿易収支を見てみましょう。

医薬品そのものの輸出・輸入を比較すると、2015年は約2兆4000億円の輸入超過。つまり赤字でした。ちなみにアメリカはもっと大きい赤字になっています。

日本の場合は国内で販売される医薬品の工場が海外にあることによって、赤字という結果になるわけです。国内企業であっても外資系であっても、海外の工場が多いと赤字になってしまいます。トランプ大統領が貿易問題に関して発言していますが、医薬品の場合は対アメリカでも赤字ですので、貿易摩擦に関しては関係ないいんじゃないかと思います。

一方で技術導出入収支は、約3000億円の黒字です。これは技術の輸出入ですから、利益に直結します。また、国内の企業つまり内資系企業が海外に売り上げている金額というのは3兆円ぐらい。ファイザーなど外資系企業が日本国内で売り上げているのが約2兆5000億円です。その差は約5000億円。内資系企業は、頑張っています。

全体から見ると、日本の製薬産業にさらに力を持ってもらいたいと思います。それは皆さんのこれからの頑張り次第でもあると思います。

●大変厳しい日本の研究開発環境

新医薬品の開発はどうか。新薬のオリジンは、やはりアメリカがダントツに多く、その次にスイス、日本、イギリス、フランス、デンマーク、ドイツと続きます。新薬を創出できる国は世界でも数カ国、日本はその中に入っており新薬創出国です。しかし、薬を作るためには資金が必要で、日本は大変厳しい環境にあります。日本の研究開発費は、日米欧の研究開発費の合計の約15パーセントにすぎません。また、成果物の新薬の承認数も、日本は日米欧の合計の約15パーセントとなっています。

●日本には新薬の研究開発に優位性がある

日本は国民皆保険です。薬価基準に収載されないと保険適用にならず実際には使用できませんが、日本の場合は医薬品が承認を受けると、通常2~3カ月後には収載されます。日本は全国一律の薬価が適用され、全国民1億2000万人が実質的に一つの医療保険制度にあります。こうした状況は、アメリカやヨーロッパにはないんです。アメリカの大きい保険でも数千万人規模です。ヨーロッパでは、ＥＭＡ（欧州医薬品庁）が承認すると医薬品は使えますが、保険償還はそれぞれの国でやっていますので、その国の保険が適用されないと実際には使えない。一方、日本では承認されれば、医薬品は１億２０００万人の日本の市場で速やかに販売できることになります。これは日本の強みです。

それから日本の承認審査のスピードはぐんぐん速くなっています。これによりいつ頃承認されるかという予測可能性が向上しており、企業戦略にとって好ましいことなのです。

さらに日本の医療技術やサイエンスレベルが高く、世界に先駆けて医薬品開発を進める素地があり、創薬力がある。

このような結果、日本における医薬品開発数や承認申請数は、大幅に増えている状況です。日本は、こういう優位性、創薬力を踏まえ、さらに世界の医療に貢献するためのサイエンスを向上させ、日本を世界の医薬品の研究開発拠点にもっていく必要があると考えます。これにより世界の国々が薬事制度を運営する上で参考とする国（レファレンスカントリー）に日本がなれるのではないかと思います。

そのためには開発の初期段階からの創薬の支援体制、画期的新薬の開発のためのガイドラインや評価のためのガイドライン、関係する人材の育成など、どんどん進めていくことが必要です。そして、世界初承認医薬品を増やしていく。日本からそれらの情報を発信していく。英語での情報発信をしていく。そんなことが必要になると思います。

●各国の規制当局が抱える課題は共通

医薬品の研究開発には手間とお金がかかります。新薬開発の成功率は、実に2万5121分の1。市場に出る医薬品一つあたり数百億円から1千数百億円もの研究開発費がかかっています。新しい薬だと治験、人に対する有効性と安全性の確認に一番お金がかかっています。結果として薬剤費が高額になってきます。そこで、世界各国とも、何とかして開発効率や生産効率を上げていこう。患者さんの新薬アクセスを向上していこう。医薬品の安全性の確保・向上を図ろう。最適な医薬品を使用できる体制、そして保険制度を維持していこう。こういうことが共通の課題になっています。

●早期承認へ日米欧の競争

このため、画期的新薬をできるだけ早く承認していこうとする仕組みについて、日米欧とも取り組みが進んでいます。アメリカでは、重篤な疾患に関する薬剤の開発、審査の促進のためのブレークスルーセラピー（Breakthrough Therapy）制度や包括的な21世紀治療法（21st Century Cures Act）が施行されています。ヨーロッパでもアンメットメディカルニーズを対象にしたプライム（PRIME-Priority Medicines）というスキームをはじめました。日本では、再生医療製品について条件付き早期承認制度が実施されたところです。

さらに「先駆け審査指定制度」、画期的な治療方法であり、一刻も早い実用化が求められている疾患等を対象とした医薬品等については「世界に先駆けて開発され日本で最初に申請を計画していること」「開発初期から大幅な有効性が見込まれること」などの条件を満たす場合、優先的な審査、相談などにより早期に実用化しようという制度が動きはじめました。

医薬品開発については製薬企業のグローバルな競争ですが、医薬品開発を自国に引き込み開発を促進しようとする承認審査機関の競争でもあるのです。まさに日米欧の規制当局の競争になりつつあります。日本では、再生医療製品に条件付き早期承認制度を導入したことで、日本を拠点とする再生医療の研究、実用化に向けての研究開発が進んでいます。

●医薬品のリアルワールドデータの利用へ

医薬品は、市販されると、複数の疾患がある患者さんや高齢者、子どもにも使われるなど、治験などの開発段階で使用される患者の範囲と比較すると、対象の範囲が大幅に広がります。すると、実医療における有効性や安全性について確認できるのです。このリアルワールドデータをどのように、新薬の開発の効率化に、コストの削減に、あるいは、承認内容の確認、適用拡大、市販後の安全対策の向上に利用していくか、日米欧の課題になっています。

日本では、医療機関の電子カルテを収集した数百万人規模の医療情報データベース、国立高度専門医療研究センター（国立がん研究センターや国立循環器病研究センターなど）や臨床研究中核病院（大学病院など）の種々の患者登録データ（レジストリー）の構築などが進められており、リアルワールドデータとしての活用が期待されます。

また、レギュラトリーサイエンスに基づくリアルワールドデータなどの利用による条件付き早期承認制度についての検討が行われています。

4 創薬と規制の高度化に向けて

●レギュラトリーサイエンスとは

新薬の開発の迅速化や市販後の安全性の確保などにあたっては、医療の場における医薬品の「リスク」と「ベネフィット」のバランスをどのように保っていくのか、品質をどのように確保するのかなどの科学がとても大切です。この科学が「レギュラトリーサイエンス」です。

レギュラトリーサイエンスとは、「科学技術進歩のメリットとデメリットを予測・評価する方法を研究し、社会生活との調和の上で、最も望ましい形に調整(Regulate)する科学」とし、1987年に、内山充氏(当時国立衛生試験所副所長)により提唱されました。

●レギュラトリーサイエンスの推進

医薬品のレギュラトリーサイエンスは、医薬品の研究開発から製造、市販後までのライフサイクル全般の過程が対象で、①品質、有効性、安全性の評価に必要な科学、②リスクとベネフィットのバランスを総合的に評価・判断するために必要な科学、③品質、有効性、安全性の予測に必要な科学などに分けることができます。これは、実用化を目指す研究者や企業などの開発側の視点とも共通です。

例えば、多くの患者さんに使われる薬の開発が行われるとします。でも少数の患者さんには、効き過ぎたり全然効かなかったり、強い副作用が出たりする。どのような患者に効いて、副作用がでるのか。リスクについての低減は可能なのか。もともと患者さんは病気のリスクに晒《さら》されていることを前提に、リスクとベネフィットのバランスをいろいろな視点から評価していくレギュラトリーサイエンスが必要です。

また、例えば、新薬開発の初期の段階で、心臓に対する副作用の懸念から、有用な候補薬が開発中止となる場合があります。心臓に対する影響の予測精度が増す方法があれば、そのような開発リスクが回避できるかもしれません。iPS細胞を利用して心臓への影響を評価し予測精度を向上させようとする研究も進んでいます。最先端技術の研究でもあるレギュラトリーサイエンスです。

●新薬開発、品質、有効性、安全性の確保に不可欠なレギュラトリーサイエンス

ビッグデータを用いて医薬品の安全性を確保しようという研究も進んでいます。全国の大きな病院をネットワークで結んで数百万人規模のカルテ情報を集積（医療情報データベース）し、安全対策に用いる取り組みです。現状においては副作用の疑いが認識されないと副作用報告が提出されませんが、発生のシグナルが検出できる可能性があります。使用患者数が把握できないと副作用の発生頻度がわかりませんが、類薬との発生頻度の比較

が可能です。また、未投与者との比較により原疾患による症状なのか副作用なのかの難しい判断が可能です。受け身の安全対策から、予測、予防的な安全対策への飛躍ができる可能性があるのです。

これからの最先端技術を利用した革新的医薬品の開発などが見込まれますが、実用化にあたっての課題を最新のレギュラトリーサイエンスによって、迅速かつ合理的に解決していくことが必要です。iPS細胞技術を応用した毒性評価法の開発や、抗体医薬等の製造品質管理システムの研究、希少疾病の臨床評価のあり方、重篤副作用に関連する遺伝子多型の探索、合理的な製造管理手法や治験の実施手法、品質、有効性、安全性の各種のガイドラインなど、レギュラトリーサイエンスが不可欠です。

薬学の出番です。

5 おわりに

●超高齢社会に対応して自分の地域をどう考えるか

さて、おわりになりますが、はじめに申し上げたように、超高齢社会のキーは、薬です。まず、薬を高齢社会において使いこなしていかねばなりません。使いこなす場所は、皆さんの地域です。

例えば、徳島県の場合、人口は2015年の約76万人から2025年には約69万人に、65歳以上の高齢者の方が約24万人から約25万人に、75歳以上の方が約12万人から約15万人になると予測されています。病床数は、約1万2000床から約9000床に、在宅医療等の方が約1万人から約1万3000人です。医療、介護、特に在宅医療に関して、薬剤の供給、医療機関や薬局の薬剤師、そして薬局は、どのように対応するのか。関係職種のネットワーク、IT化を含め検討が必須です。2025年に向けて地域包括ケアシステムの構築が急務です。皆さん、地域包括ケアシステムを担う立場として、具体的に取り組みを進めてください。

●これからの薬と医療

これから社会に出て行く皆さんには、地域の中での役割を担っていただくとともに、創薬や育薬に関してもどのような役割を果たしていくのか考えていただきたいと思います。

これからも、薬は新しいものが開発されてきます。病気の分類も進んでくるでしょうし、再生医療、遺伝子治療、診断・治療技術、通信技術、AI、ロボットなども、全く新しい技術が出てきますよね。ITを使った遠隔診療も進むでしょう。社会システムの変化も大きいと思います。薬は、引き続き医療において重要な役割を果たすと思いますが、皆さんには、薬とか医療機器などの分類にこだわらず、薬を取り巻く新しいものや技術にも目を向けてほしいと思います。でも、薬に関して学んだ考え方、レギュラトリーサイエンスは、他の新しいものや技術に対しても共通です。

薬、医療は患者さんのためのものであることを心に置きながら、日本、アジア、世界の患者さんにより良い医薬品を、皆さんと一緒に届けていきたいと思います。

〈鼎談〉4

（1）AI時代の薬局と薬剤師

成田 昌稔
特定非営利活動法人医薬品・食品品質保証支援センター代表理事　薬剤師

浅川 義範
徳島文理大学　薬学部　教授

桐野 豊
徳島文理大学・徳島文理大学短期大学部　学長

●全国平均と比較して非常に低い徳島県の処方箋受取率

浅川　徳島県の処方箋受取率は全国平均よりすごく低いんです。徳島県ではどうして低いのか。一つには、医薬分業しない方が患者さんの支払金額が少し安くて済むから。分業しない方が親切なお医者さんであるというような考え方があるようです。しかし改正された薬事法における国民の責務や医薬品の正しい処方の仕方からすれば、単にそういうことにはならないと思います。患者さんが便利であることとは別に、医薬品の安全性の問題、つまり医薬分業をしないと危険だという認識に変わらなければいけないと思います。成田先生はこのような状況について、どういうふうにお考えでしょうか。

成田　医薬分業については、かなりきついご意見をいただいてきました。医薬分業の薬学上のメリットというところを患者さんに十分には伝えられてこなかった、患者さんが実感できなかった、というのがあると思います。薬剤師が行うチェックの有用性があまりにも軽視されています。だから患者さんのお薬の薬歴管理をし投薬後のフォローアップをしていくことが、患者さんにとって薬局や薬剤師のメリットを実感していただく本筋だと思います。難しい薬剤もどんどん開発されてきていますので、患者さんの危険の回避のためにも必要と思います。

それから法律的にも薬剤師は、薬学的知見に基づく指導が義務づけられています。医師も医師法で療養の指導が義務づけられているのと同様です。薬剤師は単に調剤した薬を出して「薬はこんな有効性、副作用がありますよ」という情報を提供するだけではなく、服薬状況や効果、副作用の兆候など必要な指導を行うことが患者さんの理解につな

成田昌稔氏

がるものと思います。

●AIの発達で薬剤師という職業はどうなるのか

桐野　医薬分業しないというケースは二つあります。大きな病院は院内に薬剤部があって、そこに薬剤師がいる場合には院内・院外は関係ありません。けれども薬剤師がいない診療所では、薬剤師の管理なく薬が患者さんに渡されている。それは本当に大きな問題ですね。

浅川義範氏

　さて会場からは「ＡＩが発達していくと薬剤師という職業はどうなるんでしょうか」「ＡＩの発達で医療の世界全体がどういうふうに変わると思われますか」という質問が多く届いています。非常に予測の難しい問題と思いますが、いかがでしょうか。

成田　アメリカの話では、ＡＩによる影響が大きいのはお医者さんの方で、診断にＡＩが使われるとすれば、かなりの影響を受けるだろうと言われています。薬剤師の方はどちらかというと医師よりも影響が少ないんじゃないかと。薬剤を使って病気の治療をやっていこうと考えると、ＡＩだけの情報提供では難しいからです。もちろん、処方箋にもとづく薬剤を提供するだけではだめですが、ＡＩを使いこなしていくのは人の医療です。ＡＩは優秀かもしれないけれど、既存のデータに基づいていますので、利用したデータが正しいかどうかを判断しているわけではないんです。その患者さんを見て「これが原因」と見分けるなど、やっぱり人が必要という気がしています。物としての薬と人とを両方、考慮できることが必要と思います。

桐野 豊

●薬剤師として社会に貢献できることとは

浅川　最近はサプリメントの種類がたくさんありますね。その新薬とイソジンとかコンドロイチンとかを一緒にのんだ場合に、どういう作用が出るかを心配した情報があふれかえっています。厚生労働省でサプリメント問題というのは取り扱っているんでしょうか。

成田　消費者庁になりますが、食品の機能性表示について新しい制度ができています。やはり安全性が大切なので、根拠となるデータは公表することになっていたかと思います。また、化粧品はサプリメントではありませんが、保湿効果など医薬品を上回るようなものも出てきています。

桐野　学生の意見の中に「医療費の支出が大変増えているので、卒業後は薬剤師として残薬を削減することに貢献したい」と書いているものがあります。具体的には薬剤師にどういうことができるんでしょうか。

成田　まさに薬剤師さんと患者さんとの関係だと思うんですね。調剤して薬を渡した後、フォローアップをどうするか。「効果はどうでしたか」など、どうやってうまく聞き出すか。あるいはどうすれば本当のことを言ってくれるかという技術はやっぱり薬剤師の能力の評価の一つになると思うんです。

また、患者さんとの信頼関係です。のみ残しの薬がたくさんあっても、患者さんはお医者さんには言いづらいけど薬剤師さんには言いやすいと思うんです。薬剤師はそういうふうに患者さんと付き合うことが非常に重要だと思います。

桐野　「日本は人口減少ということがあるので、人口を増やす方策が大事だと思いますが、どうすればいいでしょうか」という質問を会場からいただいています。例えば不妊症の治療もその一つかもしれません。医薬でそういう貢献をする機会はあるでしょうか。

成田　人口減の原因は出生率が必ずしも高くないというところにもあって、出生率が2・0になれば現状維持の状態になるはずなんですよ。けれども、それをどうやってあげていくかというと、働き方の問題、保育園やこども園、残業の話にも関わってきます。

高齢者が増えてくるわけですから、そういう方々に子育てをサポートしていただけないかとも思います。現実問題として、出生率は5年前の数字よりも少し上がってきているわけです。いろいろな取り組みがあったおかげかもしれない。医薬の分野では、乳児や小児、妊婦さん向けの薬の情報の集積や提供など、できるものと思います。人口減少はなかなか難しい課題ですね。

浅川　我々の学部では企業に就職する諸君が非常に少ない。ほとんどが薬剤師になって病院あるいは薬局に就職します。大学としましては学部6年の後に、博士課程ということで4年間を用意しています。そこで企業に就職して、創薬に携わるような人にも出てきてほしい。そういうことが我々の使命であり問題でもあるんですが、どうすれば学生諸君の意識が変わるでしょうか。

成田　医薬品製造業や医薬品製造販売業に着目してみると、日本には医薬品を製造している会社と製造販売している会社があるわけです。製造所・工場からいうと二千数百、第1種の製造販売業に絞って見ても200~300社あります。総括製造販売責任者や製造管理者は薬剤師ですが、薬剤師が1人いれば製品ができるという会社はありませんので、この数倍は必要なはずなんです。ということは最低でも1万人は薬剤師が必要だということです。この他に、MR、開発、研究、信頼性保証、営業など多くの職種があります。医薬品企業にぜひ、関心を持っていただきたいと思います。医療機器、化粧品や化学などの分野もあります。

桐野　学生の皆さんは、薬剤師になるから病院と薬局だけが職場だと思わないように。成田先生のお話のように、視野を広げてみることが大切です。それから、これからの問題として先ほど成田先生がおっしゃったように、薬剤師が患者さんといい関係を築いて、患者さんが正直に薬をちゃんとのんでいるのかどうかということを把握できるというのが非常に重要だと思います。もう一つ、技術的な面では、薬をのんだか自動的に分かる技術が発達しつつあります。例えば錠剤にマイクロチップが埋め込まれていて、服用後に胃液に触れると電源が入って信号を出す。徳島県にも関係の深い大塚製薬が、これについて力を入れて取り組んでいます。医薬品の分野もデジタル技術との連携が大切な時代になっているのですね。

〈鼎談〉

4 (2) 社会で活躍する薬剤師を目指して

成田 昌稔
特定非営利活動法人医薬品・食品品質保証支援センター代表理事　薬剤師

飯原なおみ
徳島文理大学 香川薬学部 教授

桐野 豊
徳島文理大学・徳島文理大学短期大学部 学長

●薬剤師はどういうことに目を向けながら取り組んでいけばいいのか

桐野　医薬品や医療に関する問題について、私たちは患者として、あるいは医療従事者として関わる機会があると思います。今日のお話は薬学部の学生さんや保健福祉学部の学生さんなど、やがて医療を供給するのが任務になるという方々にも、いろいろなことを考える機会になったのではないかと思います。

飯原　実習のために病院や薬局に行くと、大学の薬学部で学んでいることと現場の薬剤師がやっていることがかみ合っていないというか、今の薬剤師のあり方でいいのかなと疑問を持つ学生さんもいるようです。今回のご講演で今の薬剤師が抱えている課題、薬の開発等が抱えている課題、社会の課題と幅広くお話しいただいたわけですけれども、薬剤師は今のままじゃいけないよということを先生がおっしゃったことが、私はとても印象に残っています。具体的に若い世代の人たちは、どういうことを考え、何に目を向けながら取り組んでいけばいいと思われますか。

成田昌稔氏

成田　医療があって、あるいは患者さんがあってこその薬剤師です。患者さんがどう感じているのか、医療がどう変わっているのかに対応しなくてはいけないと思っています。薬剤師から見ると、今までは増加する院外処方箋に対応することで精いっぱいだったと思います。処方箋枚数は、年間8億枚ぐらい処理されるので、本当に大変だと思います。

でも今後は医薬分業ももう少し進んで、数年のうちに処方箋受取率が80パーセントぐらいに上昇するかもしれませんが、その後について、考えておかなくてはいけません。

超高齢社会の中で医療費は大きな負担です。大病院、地方それぞれの地域の病院、それから診療所。病床数も減り、今後は在宅医療が増える方向で動いているわけです。それに対応できる薬剤師が必要だと思います。そして医療だけじゃなくて運動や栄養、もろもろのことも含めて、人々の生活の中へ溶け込んでいける薬剤師が必要になってきます。

それからもう一つ考えてほしいのは、薬剤師は薬局薬剤師、病院薬剤師の分野だけじゃなくて、創薬や食品、化学物質の会社でも活躍できますので、そういうところにも目を向けていただきたいです。

飯原なおみ氏

特に製薬企業に関しては、例えば工場の管理者とか製造販売業の管理者には薬剤師が必要です。日本の中で工場、医薬品工場は二千数百あります。薬剤師1人ではできませんので、実際にはその数倍の薬剤師が必要だということになります。もちろん薬剤師だけじゃなくて、薬を作るためにはいろいろな専門の人が必要になります。それから医療の方でも、いろいろな専門性抜きには最適な医療になりません。ぜひこれからの医療、患者さんのために幅広くご活躍いただきたいと思います。

●ＡＩ時代に考えておくべきこと

桐野　未来予測で難しい問題ですが、これからはＩＴ、ＡＩの医療への関与が増えてくるだろうと思われます。２０２５年から２０４０年ごろの高齢者医療を中心にした医療体制というものがどんなふうになっていると思われますか。

桐野 豊

成田　ＡＩに関してはいろいろなところで検討が進められています。しかし現時点では、ＡＩに入力するデータが正しくないと機能しないんです。それから例えば平均値としての対応はできるかもしれないけれど、個々の患者さんについて対応することが非常に難しいです。対象とする患者さんのデータはあるけれど、それをどういうふうに解析するかは非常に難しい問題です。

当然ながらＡＩというのはスクリーニングに使われていくと思いますけれども、その上で最終的に見て判断できるのは薬剤師、医師、看護師、医療関係者ではないか。ＡＩが20年後にどうなるのか分からないですが、それを使いこなせるのは人だけです。薬の有効性、安全性に関するデータを、個々の患者さんにしっかりと還元できるＡＩの使い方ができればいいなと思います。

桐野　ＡＩに検査データを入力すると、どういう病気なのか診断できるといったことは、きっと早く実現すると思うんですね。けれども目の前の患者さんが何を訴えているか。言葉にできないことも含めて個々の患者さんに対応することは、ＡＩではなかなかできないと私は思っています。

それでは学生さんからの質問です。「最近日本で開発された重要な薬には、どんなものがあったんでしょうか」という内容です。

成田　抗がん剤です。全く新しい作用で効果もあるけれど、非常に話題になっている高額な薬剤です。がんの治療薬でワンクール何百万円とかかるんですね。そういうものが出てきて話題になりました。薬価基準を決める中央社会保険医療協議会で結局、薬価は半分になりました。それほど高額な医薬品が出てきつつある。それからＣ型肝炎の治療薬。日本で開発されたものではありませんが、１００パーセント近い効果のある画期的な薬です。

ただ、薬の開発はものすごくお金がかかります。ですから、いかに安くていいものを作るかがとても大切です。高いお薬の場合、日本だったらまだ何とか使えても、開発途上国等で同じように売れる、使えるとは思えません。高価でよく効く薬をさらに安くする技術というのも必要だと思います。

桐野　さらに「先生のお話の中で、欧米人と日本人では用法用量が違うというお話がありましたが、日本の病院に外国人が来て受診すると、日本のお医者さんや薬剤師は用量を変えて対応しているのでしょうか。こういう事例には注意するように国が指令・指示を出しているのでしょうか」という質問が届いています。

成田　今日の講座では触れませんでしたけど、「医薬品の承認って何」という問題意識があるんですよ。用法用量は承認しますけれど、それはその薬剤について標準的な平均値を承認しているんです。データに基づいて平均的なところを承認していますので、個々の患者さんを見たときにそれが正しいかどうかの判断は別問題です。

それはその患者さんの見立てをするお医者さんなり薬剤師さんの役割であり責任ですので、違反でも何でもない。高齢者に対しても、例えば腎臓の状態が良くない患者さんの場合は用量を増やしてはいけないとか、そういうことも出てくるわけです。

桐野　優れた医師とか薬剤師はやはり患者さんをよく見て、例えば非常に小柄な人とか、ものすごい大きな人とかですね、腎機能とかそういうのを見て、用量などを判断することになるわけですね。

●行政の役割は「いかに現状を数値化するか」

飯原　これからの地方行政について、医薬品、薬剤師の人材、医療、社会福祉を含めて、どのように変わっていったらいいか、先生のお考えを教えてください。

成田　個人的な話で申し訳ないのですが、行政でやるとすればいかに現状を数値化するか。客観的に数値化できるかというのが行政の役目の一つじゃないかと思います。

地域包括ケアシステムを実施するに当たって、地域医療構想や医療計画などがあるんですけど、例えば香川県でどういう患者さんが何人いるのかについて、どの程度まで正確に把握できているのか。薬剤師から見てどういう患者さんにどのくらい対応できるかということ、つまりいかに定量的に数値化するかが一つの役目だと思います。

医薬分業について批判を受けたのは、医薬分業によるメリットを提供しきれなかったことにあると思います。医薬分業は進めている最中なので、せっかく頑張っている薬局の方、薬剤師さんに肩身が狭い思いをさせてしまったかもしれません。これから社会も大きく変わりますから、今頑張っていることに加えて「その次に何をやればいいか」について、学生の皆さんにもぜひ考えていただきたいと思います。

桐野　子どもを安心させられる制度とかサービスも重要だと思います。特に少子化の世の中ですので、例えば出生率が上がるようにすることに関して、医療関係の課題はあるのでしょうか。

成田　小児・幼児・乳児、胎児も含めて、子どもたちに対する薬剤の効果や用法用量の標準的なものですね。それをどうやって示していくかが大きな課題になっています。

東京に成育医療研究センターというところがあって、承認の効能効果、用法用量に合わせてどういう使い方をしているかについて、データベースを作っています。リアル版のデータを集積することによって少しでも使用できる用量設定を示そうとしています。

それから妊婦さんに対する薬剤です。これに関しても相談制度というかそのデータベースがありまして、地域の拠点病院などのネットワークを作って情報提供や資料の収集をしています。小児の場合は、薬だけでなく生活環境や栄養、運動の話もあるわけですね。それからアレルギーの話もあります。赤ちゃんをきれいな環境で育てればいいかというと、必ずしもそうではないという話もある。そういうことも含めて、小児や赤ちゃんの場合など、お薬だけじゃなくていろいろな分野で取り組めそうな感じがしています。

●欧米と日本との医療制度の違い

桐野　かかりつけ医師とか、かかりつけ薬剤師を持とうという政策が進んでいますが、欧米でもそういう政策が進んでいるんでしょうか。

成田　国によってかなり違います。ヨーロッパの国々では、分業が何百年も前から始まっていますが、ITあるいは遠隔治療の場合の薬剤や治療など、今後については分かりません。

患者さんから見ても地域の人から見ても、相談できる相手というのはお医者さんだけじゃなくていろいろな職種にあるべきだと思います。お医者さんから処方された薬剤に対して、それはどうなのかというのを相談する相手があってもいいと思います。そこはお医者さんと薬剤師の連携の話になると思います。

飯原　日本のように、好きな診療所や病院に行って診てもらえるというのは、外国ではほとんどできない仕組みですね。家庭医、ファミリードクターというか、多くの国でＧＰと呼ばれているジェネラル・プラクティショナーという存在があります。ＧＰは住んでいる地域によって指定されていて、病気になったらまずそのお医者さんのところへ行かなくちゃいけない。専門医の治療や手術が必要ということになれば、ＧＰに紹介状をもらってから行く。そういう仕組みの国がほとんどだと思います。

しかも必ずしもすぐには診てもらえなくて、お医者さんにかかるということが日本ほど自由にできない国が多いと思います。ヨーロッパとか北米なんかでも同じです。イギリスでは特にそうです。そういうわけで、外国ではとにかく薬局の薬剤師に健康相談に行くという需要が非常に高いというのが、日本と多くの外国で異なる点だと感じています。

●医療分野で日本が世界に誇れることはたくさんある

成田　薬剤の流通がそれぞれの国によって違っています。例えばアメリカでは、薬局が全国各地にあるわけじゃないんです。国土が広いので、薬局のない地域がいっぱいあると思います。アメリカは世界初承認の医薬品が多いと申し上げましたが、じゃあ流通制度はどうなのかというと、アメリカの非常に大きな問題は偽薬です。

日本でも新聞沙汰になった事件がありましたが、偽薬というのは日本にあんまりないですよね。それは日本の流通制度、薬局、医療機関がしっかりしているからだと思います。

日本が世界に特異的なのは、そういうところだけじゃありません。危険ドラッグの問題、覚せい剤の問題など、国際会議に出ると世界には問題が数多くあることを実感しますが、日本は世界的に見ると本当にクリーンな国です。日本国内では覚せい剤事犯などが問題になっているかもしれないけれど、世界的に見ると異質なほどクリーンです。なぜかというと、日本の薬局や医薬品の流通がしっかりしているということに由来しているのだと思います。医療保険制度も含め、日本が誇れるところはいろいろあると思いますし、やっぱりそういうところはしっかり維持していかなくちゃいけないと思っております。

桐野　学生へのメッセージとして、薬学に対する思いを先生からお伺いできますか。

成田　将来、薬剤師になる方については、「薬に関しては俺がやるんだ」と気概を持ってほしいと思っています。

まずは薬学の現状を知り、しっかり勉強してほしいと思います。その次は現状の薬学を批判的に見てもらう。最後は次の薬学を作ってもらう。現状を把握できないと先に進めないと思いますので、しっかり勉強して、現状の追認ではなく、次の一歩、前に進むことをぜひ考えてほしいと思います。

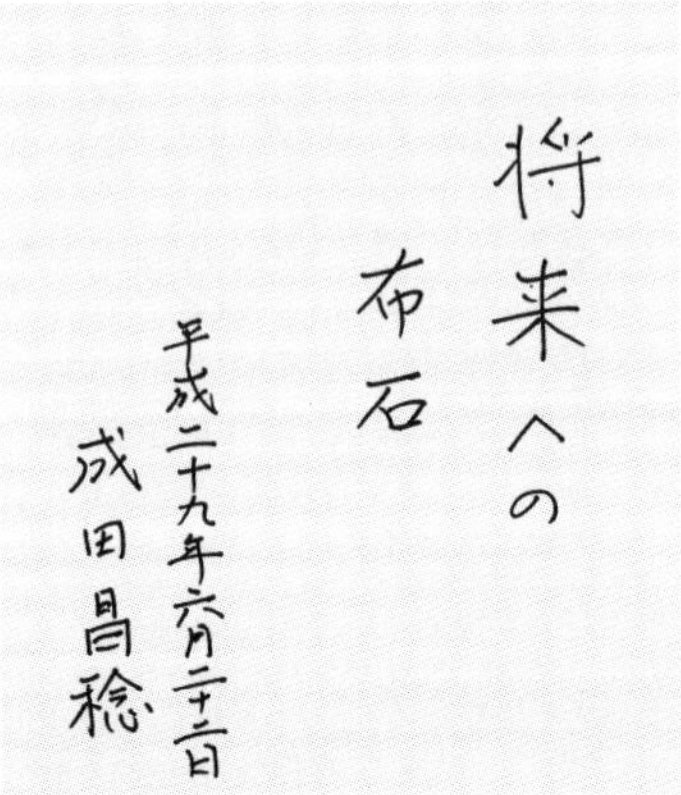

2017年6月22日講演
成田昌稔氏

第5講座

医療の未来を描く

地域医療と先端医療の融合を目指して

自治医科大学 内科学講座 呼吸器内科学部門 教授
坂東 政司

1 へき地医療の現実

●「医療の谷間へ灯をともす」にひかれて

私は栃木県にある自治医科大学で教員をしています。大学といえば、いろいろな学部や学科があって、たくさんの仲間と交流できるというイメージですが、自治医科大学は医師及び看護師を育てる大学で、医学部と看護学部しかありません。しかし、約600名の医学生は6年間全寮制のため、深い絆ができます。大学の敷地内に附属病院があり、キャンパスは東京ディズニーランドと同じくらいの広さです。東京から新幹線を利用すると約1時間で到着する比較的便利な場所ですが、大学はだだっ広い平地の中にあります。徳島県は山が見えたり海があったり自然の素晴らしい所ですけれど、栃木県は関東平野なので間近に山がなく、最初は不安でした。皆さんご存じかもしれませんが、実は自治医科大学の医学生には、卒業後「へき地医療」に一定の期間従事するという義務があります。その代わりに9年間地域医療に従事すれば学費は免除されます。

全国の都道府県から2、3人ずつ入学してきますが、卒業したら出身地で「へき地医療」と向き合います。その制度のおかげで、今は北海道の利尻島・礼文島から沖縄の離島まで、日本のあらゆるところに自治医科大学の卒業生、私の先輩も後輩も教え子たちも勤務しています。

私は18歳のときに高校で担任だった早雲洋一先生（現在は徳島文理大学教授）にすすめられて、自治医科大学に行こうと思うようになりました。大学の校歌の一節に「医療の谷間へ灯をともす」というフレーズがありまして、私はこれが好きになりました。そして「へき地医療は社会貢献の一つ」と思って、ここに進学することに決めました。

平成元年に大学を卒業した後は地域医療を経験し、アメリカ留学、大学病院での臨床や研究、教育などに携わってきました。最近は医薬品医療機器総合機構で、医薬品の審査や安全対策も行っています。いろいろなことをやってきましたが、人生にいくつかのターニングポイントがありました。

坂東政司氏

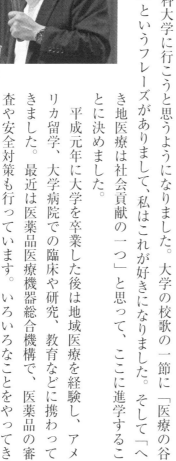

●「患者さま」の時代

まずは、地域医療の現場で得た教訓からお話ししましょう。

私は大学を卒業してすぐに、生まれ故郷の徳島に帰ってきました。徳島大学病院や徳島県立中央病院で研修を行い、その後は「四国のへそ」と呼ばれている三好市池田町の病院で勤務しながら、かずら橋のある西祖谷山村診療所で出張診療を2年間経験しました。もう一つ、木屋平《こやだいら》という所でもへき地診療をしました。当時の西祖谷山村、木屋平村はどちらも無医村です。

西祖谷の診療所にいた頃。ちょうど平成3年あたりでしょうか、医療の現場が変わり始めました。昔は「お医者さま」と「患者」という風潮がありました。どちらかというと医者が上から目線。医者には上に「お」、下に「さま」まで付いていました。けれどもある時期から、「患者さま」と呼ぶ時代になってきました。

その頃によく言われたのが、医師たるもの医学知識は完璧であれ、ブラックジャックのような技術を持てと。心技体はすべて充実。そしてわかりやすい説明、つまりインフォームドコンセントはとても大切であるということ。医師はチーム医療でリーダーシップをとり、気力や体力が重要だ。後は24時間勤務に耐えよ。お金はいらない。これが勤務医のあるべき姿と言われていました。でも当然ながら、そのような医師になることはほぼ不可能で、今の時代には考えられない内容も含まれていた気がします。これも時代の流れでしょうか？

●高齢化率46パーセントの村で

西祖谷の診療所の次に勤務したへき地は、木屋平という地域でした。今は美馬市になっていますが当時は村で、木屋平村は小さな集落でした。

四国・徳島の山間へき地です。のどかな段々畑の景色が広がるこの地には、当時1200人ぐらいが住んでいて、高齢化率は46パーセントでした。その当時でこの数字です。

村の診療所には、入院病床はありませんでした。外来診療だけです。診療所の周囲には、役場やお巡りさんの駐在所があったり、そして小学校と中学校がある。そこが木屋平の銀座、村の中心地です。

急斜面を上がった所に家が点在し、こういう所から車が転落すると大変な事故になり、緊急搬送されてきます。私はこのような環境の中、2年間地域医療に従事しました。

●救急車が来ない！

段々畑が広がるのどかな風景は大変素晴らしいのですが、急斜面だったり、道幅が極端に狭かったりする場所が多く、救急車が入れない所があります。そのため夜に診察に呼ばれると、往診かばんを持って走って上がることになります。中でも一番困ったこととして記憶に残っているのは、救急車が使えなかった患者さんのことです。

狭い道での滑落事故。車が道路から数メートル下に落ちて乗車していた人に外傷があったので、救急車を呼びました。救急車は村に1台しかありません。応急処置を済ませ、その人を乗せて町の病院に搬送してもらったのですが、数時間後に今度は別の家から「おばあちゃんが息苦しそう！　布団の中でゼコゼコ言ってる！」という連絡が入りました。

慌てて行くと、心不全状態で、心臓のポンプがうまく働かずに肺に水がたまる「肺水《はいすい》腫《しゅ》」だと一見して分かりましたので、硝酸薬や利尿薬を投与するなどの応急処置をしました。しかし、状態は改善せず、とても自宅で一晩は持ちそうにない。看護師さんに「救急車を呼んで！」と指示しました。するとですね、「救急車はさっき先生が1台、使いましたよね。町の方に行かせたので、あれが帰って来るには2、3時間かかります」と言われたんです。

それで、仕方なくおばあちゃんをおんぶして、ずーっと坂を下りてきて、ようやく診療所の一般車で診療所まで運んでいきました。

●地域住民に求められる医師とは

木屋平では村に一人しかいない医師として、住民の方とコミュニケーションをとる工夫をしていました。保健師さんと一緒に地区を回りながら、健康診断の結果を説明するなど、顔を合わせて話をする機会を作っていきました。

また、救急医療についても、課題がありました。今の救急車は高機能ですごいですね。車内にいろいろなものが揃っています。けれどその頃の救急車の中は、今と比べると大変貧相でした。へき地ではチーム医療が一番重要になってきます。そこで、消防署の救急隊員、保健師さん、看護師さんなどと、「救急医療について、もう一回勉強しよう」と企画して、定期的な勉強会もしました。

住民にとって、「どんなかかりつけの先生がいいか」ということも考えました。ブラックジャックみたいなのがいいか？といいうと、意外にそういうことは求められていません。そういうスーパードクターに診てもらいたい時には、都会の大きな病院へ紹介したらいいからです。

地域にいる医師に求められているのは、患者さんの話をよく聞いてくれること。それから気軽に相談にのってくれること。とにかく患者さんは、診療所の先生と話がしたいわけです。少々答えが間違っていても、それよりも話を聞いてくれて、医療以外の話もしたい。将来、皆さんが地域で、医療や看護、福祉、介護の世界で活躍するときに「相手はこういうことを望んでいる」というのを、少しでも思い出していただけたらと思います。

●地域で働く上で大切なこと

診察の際に自分の意見だけ押しつけて、「じゃあ、おしまい」という先生もたまにいますよね。そうではなくて、いい病院を紹介してくれる。往診をしてくれる。こういったことで信頼関係が築かれていきます。ここでいう医療は、後半にお話しする先端医療とは、かなりニーズが異なります。

「ディア・ドクター」（監督 西川美和、２００９年公開）という映画をご存じですか。落語家の笑福亭鶴瓶さんが主演の映画です。私は自治医科大学の学生たちにいつも「この映画を見なさい」と言っています。地域で医療を行う上で重要なことは、どういうことなのか。そんなことを考えるきっかけになるかもしれないからです。

この映画で鶴瓶さんは、地域医療を本当に一生懸命やっている医師を演じています。映画が公開されて何年もたっているから内容を喋ってしまいますが、実はこの人は偽医者なのです。その地域ですごく愛されて医師として活躍しているのだけれど、医師免許を持っていない。現実ではありえない状況の中で、医療って何？地域医療って何なの？と、考えさせられるストーリーです。

●大きな病院にいたら分からない感覚

私は今、大学病院にいます。患者さんの中には重病・難病の方もいます。私の専門は肺なので、重症や難病の呼吸器疾患をいかに早く診断して、いかに適切な治療をするかを考えながら診療しています。患者さんの家族とか職場・地域のことを考えて診療しようと思っても、時間的制約もあり、なかなかできる状況ではありません。例えば私が自ら胃カメラを行うと言っても大学病院ではさせてくれません。胃は胃の専門医がいますから。大学病院、大病院というのはこういった専門医の集団なのです。これも一つのニーズだと思いますが、地域医療というのは患者さんを取り巻く医療全体が守備範囲です。

地域という中に自分もいて、医師として医療全体を任される。本当にあの2年間は、勉強になりました。木屋平に行って私が地域の人に少しは貢献できた部分もあると思いますが、それ以上に私の方が地域住民からさまざまなことを教えられました。これは大学病院など大きな病院にいたら分からない感覚だろうと、今でも思っています。

看護や介護、福祉の仕事も同じだと思います。学問的に言うと、地域医療はプライマリ・ケア（初期医療）といわれる分野で、その理念はＡＣＣＣＡ（Accessibility,

Comprehensiveness, Coordination, Continuity, Accountability）の五つから成ります。大学病院などと比べると、受診が非常にしやすいですよね。それから一人の患者さんのすべてを診るということに特徴があります。そして本人だけではなく家族まで診る。そこの地域に根差すという姿勢、協調性、継続性も必要です。地域に貢献するということが地域医療ですので、私も後輩医師を育てている中で、医療技術そのものに加えて、こうした姿勢や考え方も伝えていきたいと思っています。

●できることをできる範囲で

木屋平という所で地域医療に関わり始めたとき、私は「何で1200人もの人たちは、不便な場所にずっと住んでいるんだろう」と不思議に思いました。町に行った方が便利なのに、ここで暮らすのは大変なのに何でいるんだろう。

やっぱり一緒に住んでいると気持ちが分かるようになってくるんですね。生まれ育った山とか川があって、その環境は他のものに代えられない。ここにずーっといたい、ということが分かるようになってきました。

だから「できることをできる範囲でやっていくというのが地域医療なんだ」と理解することで、2年の間に全く考え方が変わりました。

もちろん診療所にいるだけでなく、村のいろいろな所に出て行ってコミュニケーションを取るということが、地域医療では非常に重要です。そこがポイントになります。

●どんな仕事も、人としての品格が大事

少し前までは、医学部を卒業すると一つの分野を専門的に勉強していくというのが、医師の一般的なキャリア形成の常識でした。例えば「私は肺の内科」となったら、肺のことばかりやる。けれども医学界のみならず、一般社会からも「専門バカでは困る」との認識から、医師である前に、人間としての品格をちゃんと身につけなければいけない、そして、そのような医学教育が重要だと言われるようになりました。今、考えると当たり前のことですが。こうなると、医学部の学生時代のみ教育すればいいわけじゃない。そこで、卒業して医師免許を取ってから2年間は、さまざまな診療科をローテーションして幅広い領域を勉強しなさいというプログラム（新医師臨床研修制度）が開始されました。平成16年の

ことです。

当時も言われたのが「医師には社会的常識がかなり欠落している人が多い」ということ。マスコミなどから、価値判断がものすごく違うと言われたこともあります。皆さんも気をつけてくださいね。どんな仕事でも「品格」が重要だと思います。

常日頃心の中で思っていることは、ポロッと言葉になって出てしまうと思います。ですから、物の見方といいますか、心の在り方が大事ではないかと思います。品格を身につけるということは、言葉ももちろん大切ですが、心から出る言葉でコミュニケーション能力を磨いていくことが重要だと思います。

●緊急事態での判断力

地域で医療関係者に求められていることは、もちろん医療のプロとしての活躍、貢献です。これらに加えて心からのコミュニケーションも大事ですし、健康の増進、福祉・リハビリ・介護への理解と配慮。行政との連携。こういうことも重要です。

ＣＯＰＤ（慢性閉塞性肺疾患）といわれる病気があります。有名人では落語家の桂歌丸さんがこの病気で治療されています。

　私が木屋平の診療所で働き始めた頃、この病気の患者さんが診療所の玄関でパタッと倒れて、心肺停止の状態になったことがあります。「診療所に新しい先生が来たから、顔を見よう」と、いつもは往診だったのに、わざわざ来てくれたんです。ところが、診療所の前で倒れて心肺停止になってしまいました。たぶん肺動脈血栓塞栓症、長期間寝たきりだった人が急に起きて活動したために、血栓が肺の動脈に詰まったのだと思います。

　今はドクターヘリが利用できますが、その当時はあまり普及してなかったんですね。それで徳島空港から防災ヘリに来てもらって、20分ぐらいで徳島県立中央病院に運びました。残念ながら、救命することはできませんでした。地域医療、特に1人の医師しかいない診療所では、こういった救急の対応が非常に困難かつ重要だと感じた経験です。

　すべて決めるのは自分一人。後で何か言われるのも自分一人です。激しい胸の痛みを訴える患者さんが、実は肋骨の痛みだったと救急搬送後の病院で分かったこともあります。搬送先の病院の先生から「救急でなくてもよかったのに」と言われたこともあります。

　ただそれは結果論です。結果が分かった後なら、誰でも何とでも言えます。だから私は、へき地を含めた地域の病院から救急搬送されてきて、結果的に軽い病気であったとしても、そんなふうに言わないと決めています。自分があのとき感じたことを、当時の自分と同じ立場の医師に感じさせないように、そういう姿勢で診療しています。

●災害の現場で

救急の最たるものは災害です。

徳島にもこれから大きな地震が起こるリスクがあると言われていますから、皆さんも避難訓練などをされていると思います。

私が大学院生の頃に、阪神・淡路大震災（１９９５年）がありました。私はボランティアで被災地に行き、神戸の小学校で１週間診療しました。最後の日に、テント生活をしていた被災住民の方が炊き出しで送別会をしてくださいました。

いつ起こるかわからない震災のときにも医療のプロとして貢献する。そのときに重要なのは、幅広い診療をするということです。「私は肺しか診られません」とか、「私は脳しか診られません」という人は、災害治療ではあまり必要ないんです。

一番大事なのは、相手にどういうニーズがあるのか分かること。これが分からないと診察もありがた迷惑になります。こういったことが分かる医師が全国にいて、軽いフットワークで被災地に赴く。それが大事なのではないかと思います。

●栃木県も大きく揺れた東日本大震災

２０１１年の東日本大震災のとき、私が住む栃木県も相当揺れて、命の危険を感じました。まして宮城や岩手は大変なことだったわけです。

私の後輩が副院長をしていた公立志津川病院は、南三陸町の志津川地区にありました。町職員の女性が防災無線で避難を呼びかけ、最後は津波の犠牲になったという悲しいことがあった地域です。志津川病院でも４階まで水が来て、下の階にいた方がたくさんお亡くなりになったと聞いています。

●現地現場主義の大切さ

その後輩が仮設の診療所で診察をしていたので、私も応援に行きました。

さて震災など災害時に、医療は何ができるでしょうか。急性期の気管支炎や下痢など、感染症対策には非常にニーズがありますが、実は1週間単位でニーズが変わってきます。ですから、常に今何を求められているかを把握することが重要で、情報のリサーチが必要です。災害時の医療・介護・福祉に携わるということはそういうことです。

長期的には仮設住宅での高齢者を中心とした入居者の孤立化が必ず問題になります。こういうことにもケアをしないといけない。震災5年後の2016年に、仙台にある東北福祉大学で福祉について勉強している学生さんたちと一緒に、ボランティアで仮設住宅を訪問する機会を頂きました。仮設住宅で生活されている方の健康相談や血圧測定を手伝ってほしいということで、私も喜んで仮設住宅がある登米市に行きました。そして健康相談が終わった後は、学生さんたちが準備した料理を囲み、みんなで食事会をしました。

この学生さんたちのように、皆さんも何かを得ようと思ったら、ぜひ、現地に行っていただきたいのです。学校で机に向かって勉強することもすごく大切だと思います。今は、どんな情報でもインターネットで手に入れることができます。でもやはり、行かないと分からないものがあります。現地現場主義、テーマはこれです。何かあったときにはまずは行ってみる。安全にボランティア作業できるのかということも大事ですが、行って感じることはすごく貴重なので、ぜひ若い皆さんに行動していただければと思います。

●訪問診療というもの

こうした災害の現場でも実感しましたが、私がへき地の診療所で最も学んだことは「訪問診療」というものです。在宅のまま、住み慣れた村で一生を終わりたいという人間の看取りも大きなテーマでした。今の日本、在宅終末期医療という大きな課題があります。

例えば肺の病気だと、入院中に痰《たん》が詰まれば、すぐに看護師さんが常備の吸引器で痰を吸引してくれますが、そんなものは一般家庭にありません。それで私がやったのは、掃除機を使った簡易的な痰吸引。「掃除機が壊れるかもしれないけど、いい？」と家族に確認を取ったうえで、ノズルの先にガムテープを巻いて掃除機のスイッチを入れて痰を吸う。そういうことも覚えました。

それから、コミュニケーションの大切さ。おばあちゃんがデイケアセンターにいるときに顔を出すと、出張診療にもかかわらず必ず1曲歌えと。やっぱり演歌じゃないとダメだというのも分かりました。

また、へき地での救急医療は大病院の救命救急センターのような、十分な設備がある中で医療行為ができるわけではありません。いかに早く適切に搬送するかということも大事であると。最後には祈ることしかできない状況もありますが、うまくいくように願うこと・祈ることも医療・薬学・看護・福祉・介護に従事する者には重要かもしれません。

●ピンチと思うな、チャンスと思え

へき地の無医村で働くということについて、最新の医療、医学から遅れるんじゃないか、医師としてのキャリア形成のピンチではないか、と思うことがあるかもしれません。しかし振り返って見ると、それは全然ピンチではなくて、チャンスだったと思います。日本は超高齢化社会です。へき地は超高齢化時代を先取りしていますから、そこでいろいろなことを経験するというのは、最先端の医療や日本の未来を経験することです。

それから、患者さんとの会話でも、ピンチとチャンスの話を私はしばしばします。末期がんの患者さんやその家族の方の中には「こういうことができなくなった。つらい。昔はこれができたのに」と言う人がいます。そんな方に、私は80点のお話をします。

100点を目指している人は、80点をマイナス20点だと思っちゃうんですよね。でも60点でいいやと思っている人が80点を取ったら20点もプラスになっていると。結果は80点で同じなのですが、どちらがハッピーかといったら、60点でいいやという人の方がハッピーなんですね。

ですから根治が難しい病気になっても、「できなくなった」ではなくて「今日、何ができたのか」ということを数えてほしい。プラス思考とも言いますが、人生、楽しんでなんぼ。これはいろいろなことにも当てはまると思います。

●無駄と思うことが、後になって役に立つ

ほかにも、へき地医療の経験から得た教訓はたくさんあります。自分以外は、全員が先生であり、人とのご縁が財産であるということ。目配り、気配り、心配りと「鈍感力」というバランス感覚も大事です。

私はどちらかというと横着というか合理主義者ですので、無駄なことはやりたくないと考えてしまいます。でもいろいろな経験をしてくると、「何でこんなことをやるのか」な

んて思っていたことが「あれが今、役立っているんだ！」ということがよくあるんです。

何が正解か、その時点では分かりません。インターネットで情報に触れることも大事ですが、こればっかりでもいけません。だから実体験とのバランスを取りながら生きていく。そして最後は、どんな状況でも覚悟を決める。こういうことがへき地医療の経験から得た教訓です。

2 先端医療の可能性

●基礎研究の重要性に気づく

次は先端医療のお話をしたいと思います。
私は大学院に進学し、そこで基礎研究をしたり、アメリカのイリノイ大学シカゴ校（U

IC）に留学もしました。

シカゴでは主に薬理学教室で研究を行ったので、肺の細胞にいくつもの薬剤を加えて、細胞の変化について研究をしました。当時は「こんなことして何の役に立つのか。診療とか臨床試験を勉強する時間をもっととりたい」と思っていたんです。しかし後になって、この実験で使った薬剤が肺の難病の病態の安定に大きく役立つことが分かりました。

肺は常に活性酸素などのオキシダントによって攻撃されています。それに対する抗酸化システムの中心物質がグルタチオン。この前駆物質であるN－アセチルシステインを投与することによって、肺が活性酸素や酸化ストレスに強くなっていきます。

日本に帰ってきた後、この研究が役立ちました。ある難病に対して、このN－アセチルシステインを吸入して肺に補充すると、病状が安定するということが判明したからです。

この研究を通して私は、基礎研究は臨床に役立つものだということを実感できました。

その当時、私の後輩で何をやっても失敗する男がいたんですが、大学院に行って何かやりたいということで、昼夜を問わず実験を積み重ねた結果、新しいがんの遺伝子、肺がんの遺伝子を発見！　私も肺がんの検体を提供して研究に協力していたので、びっくりしました。この研究結果から、この遺伝子を抑える薬が、肺がんの臨床現場ですでに使用されています。

●二つの免疫システム

がんというのは我々にとって異物です。がん細胞ができたら当然、その細胞は人間にとって異物なので、免疫システムの中では排除しようという動きが起きます。

がんがなぜ進行するのかというと、免疫監視機構をうまくすり抜けたがん細胞が、異物ととらえられずに排除されないということがあって、これが進行がんになっていくんです。免疫は「疫を免れる」わけですから、外から細菌やウイルスが来たときに、これを攻撃して自分の体を保つためのシステムです。体の中には皆さんが意識しようとしまいと、免疫システムがあるんですね。

人体には二つの免疫があります。液性免疫と細胞性免疫です。液性免疫というのは、いわゆる抗体です。IgGとかIgMとか、こういった抗体がリンパ球から作られる。これを液性免疫と言います。

一方、細胞性免疫というのは、マクロファージやTリンパ球などの細胞を介した免疫システムですね。ナチュラルキラー細胞なども重要です。人間はこんな二つの免疫システムを持っています。

●「納豆」「お笑い」で免疫力アップ？

最近、免疫についていろいろな話題が紹介されていますね。例えば納豆菌は免疫細胞を活性化するから、インフルエンザに対してすごくいい、なんていうことを報告している人もいます。

それから「笑い」。吉本興業などに所属するお笑い芸人さんたちが大阪国際がんセンターの実証研究として、2週間に1回ずつ、合計8回のお笑いライブをやりました。がん患者さんの中で、お笑いの舞台を全回数見る人と半分しか見ない人を比較して、免疫機能の変化を見るという実験なんですね。こういったことも科学的な視点から研究されています。

●がん治療に革命が起きている

最近はがん治療において、ヒトの免疫システムをうまく利用した治療法が登場して世界中から注目を集めています。「免疫チェックポイント阻害薬」と呼ばれる新薬で、がん治療に革命が起きているんです。

この「免疫チェックポイント阻害薬」が何かというと、がん細胞が免疫システムをすり抜けて生き延びようとするのを阻止する薬です。

免疫細胞は普通、がん細胞をやっつけたいわけです。免疫力が高まりすぎると健康な細胞までやっつけてしまうため、私たちの体は免疫細胞にブレーキをかけて、免疫のバランスを取ろうとします。がん細胞は、このブレーキを巧みに利用して、体ががん細胞をやっつけようとする働きを押さえ込みます。免疫機能をうまくすり抜けてしまうわけです。

ところが「免疫チェックポイント阻害薬」を使うことで、がんのこうした免疫逃避行動を阻止することができるのです。わかりやすく言えば、アクセルを踏み込んで加速してがん細胞を攻撃するのではなく、ブレーキを解除してがん細胞を攻撃するイメージです。

新薬開発のカギとなったのは、「ＰＤ－１」と呼ばれる遺伝子の発見です。「ＰＤ－１」は、活性化したT細胞の表面に出てくる分子ですが、これは1992年に京都大学の本庶佑《ほんじょたすく》先生たちが発見したものです。日本人が発見した物質なんですね。この発見のおかげで、世界中でがん治療の新しい時代が始まったのです。

●1回80万円の注射

私の専門である肺についてお話しすると、肺がんは治りにくいがんで、免疫チェックポイント阻害薬が全員に効くわけではありません。ただし効く人のうち、2~3割の人には相当よく効きます。一部の患者さんは治癒します。

ただ、この治療は医療費という社会保障と関わってきます。実はこの治療、当初1回80万円の注射でした。それも2~3週間おきに。1年間で3200万円。半年で1600万円。

これが免疫チェックポイント阻害薬の値段だったのです。ただし日本には高額療養費制度という素晴らしい制度があり、患者さんが支払う治療費の上限が決まっています。そのため、本人は一定の治療費しか払わなくて済む。後は全部国、すなわち税金から払ってくれます。

●高額薬剤をめぐる議論

そうなると必ず社会的な問題が起きるんですね。医学としては画期的な物質を見つけて、がんを制御できる薬ができたのに。

例えばアメリカでは個人で医療保険に入っているので、こういう薬はお金持ちしか使えません。

けれども日本は国民皆保険ですから、そこをみんなでカバーするんです。高額薬剤問題では、それがいいのか悪いのか、という議論まで出てきてしまいます。

これは人の命の問題ですから、よい悪いという判断はつけづらいです。医療費で国がつぶれてしまうんじゃないかという議論がある一方で、自分や自分の家族ががんになったとき、「命にはかえられない」ということになります。

その後の協議で、日本では薬価を一気に半分にしました。1年間で3200万円かかっていたものが、今は1600万円です。

では、なぜ新薬が高いのか。新薬を一つ作るには大体3000億円かかります。一生懸命に新薬を開発した製薬企業は、薬が承認されれば開発コスト以上の金額を回収できると見込んで投資するわけです。それなのに薬価が半分にされたら、納得できないかもしれません。国民全体で考えるべき大きな問題だと思います。

●切除手術は165万円

肺がんの手術の場合はどうでしょうか。早期であれば胸腔鏡下手術といって、胸に小さな穴を開けて手術道具を挿入し、カメラで見ながら切除します。入院して2週間もすれば退院できて、手術代は165万円です。免疫チェックポイント阻害薬を使った治療の10分の1です。

「手術で治す」ためには、早期発見することが必要です。がん検診で肺がんを調べるときには、一つはレントゲン。それからタバコを吸っている人には痰の検査。大きさが2センチ以下の肺がんを見つけた場合でも、5年後に再発する人が10~15パーセントいます。しかも2センチ以下の肺がんを見つけるのは難しい。検診では何千人ものフィルムを1枚あたり数十秒でパーッと見ているわけです。見落としが生じるかもしれません。

今のところ肺がん検診はレントゲンと痰、この検査でしか早期発見はできません。そこで今後重要になってくるのが、先端医療の技術である人工知能、ＡＩです。これが日本の医療にも導入されようとしています。この分野では、東京大学の松尾豊先生がいろいろな研究をされています。

人工知能を使って、過去の画像検査結果と比較して、「ここがおかしい」と判断結果が出るようなシステムになれば、人による見落としがなくなる可能性が高くなると思います。

じゃあ将来、ＡＩの医療への導入により医師・看護師・薬剤師といった医療従事者がいらなくなるかと言えば、そうではない。今の段階ではＡＩも間違うことがあって、100パーセント信用できるものにはなっていません。特に医療など、人間対人間の関係、特に命に関わる分野にＡＩが入ってきたときに、医療現場では大きな課題に直面すると思います。

●喫煙による健康被害

タバコの問題について、ぜひ皆さんに考えていただきたいと思います。特に受動喫煙対策において、今の日本でどのようなことが起きているのか、知ってもらいたいと思います。日本の喫煙問題は三つあります。女性の喫煙率が減らないこと。低年齢化。そして、受動喫煙です。

タバコを吸う年齢層で一番多いのは40代で、この年代の喫煙率は男性が38パーセント、女性では15パーセントです。

タバコが健康被害を与えることはみんな知っています。タバコを吸っている人が健全な肺に戻るには15年以上かかりますが、75歳でもとに戻れるんだったら、50~60代でタバコを止めても遅くありません。でも、タバコを吸う人はなかなか止められません。

●受動喫煙で、肺がんリスク1・3倍

タバコから出ている副流煙も大きな問題です。この煙には有害物質がたくさん含まれて

いて、これで周囲の方が受動喫煙してしまいます。

受動喫煙の場合、肺がんの確率が1・3倍になるということも、日本の疫学調査で分かりました。タバコを全然吸わないのに肺がんになった方もたくさんいます。患者さんに話を聞くと、配偶者がずっとタバコを吸っているというケースもあります。

肺機能が悪くなったり、肺炎を起こしやすくなったり、脳卒中・肺がんなど、こういう病気は受動喫煙でかかりやすくなるということが世界的に知られています。タバコを吸う人は明らかにニコチンに対する依存症です。

2007年の「ニューズウィーク」誌にも、タバコが犯罪になるXデーがあると書かれていました。実際に、ベランダでタバコを吸っている人を上の階の住人が訴えた、という話も聞くようになりました。ベランダでの受動喫煙で非喫煙の住民たちが人権救済を申し立てるということが起きているのです。

●分煙には意味がない

こんな状況にもかかわらず、日本は海外からどう見られているかというと、残念ながら評価はきわめて低いです。

アメリカの医学ニュースを見てみると、ＷＨＯ（世界保健機関）のディレクターが日本の分煙を見て、こんなもの効果がないと断言しました。グローバルスタンダードから考えると非常識であるということです。屋内で分煙をして何になるのか。２０２０年の東京オリンピックに来る外国の人たちはすごい違和感を覚えるだろう。世界基準ではないというわけです。

日本の場合は不思議なことに、路上喫煙はダメだと東京が最初に言い始めたんですね。条例で屋外を禁煙にしたわけです。ところがほかの国はどうかというと、大体は室内を禁煙にしているのが普通です。日本ではようやく病院や学校が禁煙になりましたが、今もめているのは飲食店をどうするのかということ。いろいろな駆け引きがあって、分煙対応にしようと一部の国会議員が言っています。タバコの半分以上は税金ですから、それがなくなると税収入が減少するという理屈です。国民の命よりタバコの税金が大切とでもいうことでしょうか。けれども厚生労働省が「それはやっぱりダメだ」と言い始めまして、タバコに関しては健康増進法を改訂しようとしていますが、いまだ難航しています。

●子どもの健康を脅かすサードハンドスモーク

もう一つ、サードハンドスモークという喫煙があります。

自分が吸うのが喫煙、タバコを吸っている人が近くにいて迷惑するのが受動喫煙、そしてサードハンドスモークというのは、タバコの有害物質が残留している環境で悪影響を受けることです。

タバコの火を消しても、タバコを吸う人の車に乗ったらタバコの臭いがしますよね。喫煙者が来るレストランに行ったら「タバコ臭いな」と思うじゃないですか。あれは、壁や服、髪などにタバコの有害物質が残留しているからです。こういうところから有害物質、発がん物質が出ているわけです。

誰が一番迷惑するかというと、やっぱり子どもなんです。サードハンドスモークというのは、子どもの健康を非常に脅かしていることが分かっています。だから受動喫煙問題が解決しても、次にこういう問題も出てくると思います。

3 幸せな社会を目指す「レギュラトリーサイエンス」

●330の指定難病

今から10年ぐらい前から私は肺の難病の調査研究班に所属し、厚生労働省の方といろいろ意見交換を行ってきました。そこで経験したこと、考えたことを少し述べさせていただきます。

日本ではかつて大規模な薬害が発生しました。スモン訴訟や薬害エイズ訴訟などがあり、国をあげて難病対策に取り組むようになりました。

難病に対して法的にどうするか、ということから始まって、2017年4月には330もの病気が医療費助成の対象として認定されました。指定難病と診断されたら、その人の医療費は国が助成します、ということになりました。

以前はこの難病指定は56しかありませんでした。それから2015年に110に増えましたが、その内容には不公平があると言われていたので人口の0・1パーセントという診断基準でリストアップして、330の病気を難病指定しました。

●肺の指定難病「特発性肺線維症」

私が専門にしているのは、肺の指定難病の一つ「特発性間質性肺炎」という病気です。特発性間質性肺炎の一つである特発性肺線維症は、肺がじわじわと小さく硬くなってハチの巣状になり、進行すれば呼吸困難で動けなくなるという、非常に予後の悪い病気です。

特発性肺線維症は、「一部のがんと同じくらい予後が悪い」と言われます。この病気になった人の生存期間中央値は約3～5年しかない。そんな難病なんです。

肺が硬くなるというこの病気は、皮膚のケロイドが肺で起きているイメージです。ひどいやけどをすると、皮膚がひきつれて治るという現象がありますよね。人間は傷を負うと治そうとする「創傷治癒」が起きますけれど、それが過剰に修復されてしまうのがケロイドです。もとに戻すのではなくて、引きつれができてしまうほど、治しすぎてしまうのです。

特発性肺線維症の原因は現在でも不明ですが、タバコも影響していて、肺の細胞が何回も何年にもわたって損傷を受けると過剰に修復をしてしまいます。そうすると特発性肺線維症という病気になっていきます。

難病に対して、厚生労働省は研究班を作っていろいろな調査研究をしています。私は２００８年から２０１３年まで、間質性肺炎の調査研究班の事務局長をしていました。日本全国で疫学調査をして、日本でこの病気がどうなっているのか調べました。

その頃に肺を硬くする物質を抑えて、この病気の進行を遅らせるという抗線維化薬の臨床試験が日本で初めて行われました。珍しいですよね。世界よりも日本の方が早く使える薬。ニュース等で「海外で使えて、何で日本はダメなの？」というセリフをお聞きになると思いますが、この薬は逆なんですね。アメリカで一番後に認められたという薬です。

今では、特発性肺線維症患者さんの半数以上がこれらの薬を用いた治療を受けています。でも、まだ完治させる薬がありません。

●難病を抱えた人が一緒に生きていける社会に

現在、日本の医療現場では、いろいろな病気に対する診療ガイドラインを作ろうとしています。我々も国の方針に従い、今年やっと特発性肺線維症の治療ガイドラインを作ることができました。

もちろんガイドラインは、医師だけでは作成できません。生物統計の方とか、疫学の方とか。患者さんやその家族の意見を聞いたり、文献を検索したりして、多職種のメンバーで、チームで作業する部分もあります。

いろいろな経験をして思ったことは、やっぱり「難病って何だろう」ということ。病気だけのことを思っていても不十分で、難病を抱えた人が一緒に生きていけるような社会。難病を周囲が理解していく社会。難病というのは患者さんの数が少ないんです。病気になるメカニズムも分かっていない、治療法もないということが多いんです。社会的なコンセンサスを得るためには行政サイドからのアプローチも重要になってくると思います。

●「レギュラトリーサイエンス」とは

今後の医療システムを考える上でのキーワードとして「レギュラトリーサイエンス」があります。レギュラトリーサイエンスとは、科学技術の成果を人と社会との調和の上で最も望ましい姿に調整するための科学です。

産官学という三つの立場があります。産業・製薬業界はいい薬を開発して高く売りたいと思っている。それは当然かもしれません。でも、どれだけ患者さんに、あるいは社会に貢献できるのか、できたのかが最も重要です。「有効性」とか「安全性」を適正に評価していくことが大切です。また学問としては、人や技術を育てていく大学などのアカデミアが重要な役割を果たすべきです。それを公的な立場で規制する、ルール化するというのがレギュラトリーサイエンスです。

産官学、それぞれの大義を重視しながら連携していくことはすごく重要だと思っています。私は50歳を過ぎて初めてレギュラトリーサイエンスの世界に入門し、毎日勉強しています。

この領域で一番活躍できるのは薬学系の方だと思います。薬学を勉強した人が能力を発揮できる分野だと思いますので、進路の選択肢の一つとして考えてみてください。

●地域は研究する材料の宝庫である

日本の未来について、地域医療と先端医療の両面から見ていきたいと思います。

木屋平の診療所で仕事をしているときにふと疑問が湧いて、へき地医療の現場で、在宅で酸素吸入を行う治療の現状はどうなっているんだろう、と調べてみたことがあります。おそらく都市部の病院とか大病院とは違うんだろうなと思い、どんな病気で在宅酸素療法をやっているのか調べました。そうすると、へき地では7割を超える人が、先ほどお話した肺の生活習慣病であるCOPD（慢性閉塞性肺疾患）だったんです。COPDの原因はタバコですね。都会あるいは専門病院ではCOPDは原因の4割でしたが、へき地では7割。そして今、日本全体でCOPDが増えています。へき地や離島などには、日本の未来予想図があるんです。

へき地で勉強できることはチャンスです。ある一定期間でもいいですし、一生でもいい。へき地は日本の最前線だと思います。

へき地をはじめとする地域には研究する材料がいっぱいころがっています。皆さんがどこに疑問を持つかということが一番大事。自分の目で見て感じて「何だろう？」と思った疑問こそが重要で、一番強いモチベーションにもなります。大学にいる間に疑問を解決する方法論や考え方を身につければ、社会に出て応用できます。

●地域の医療をめぐる問題は、日本の医療全体の問題

地域の医療をめぐる問題というのは、日本の医療全体の問題であり、解決すべき課題なんです。

日本は今、超高齢社会です。多死社会とも言われています。多くの人が亡くなっていく時代。良いことか、悪いことかはわかりませんが、大都会では病院で最期を迎えられない時代がもうすぐやってきます。

経済産業省による「活力あふれるビンテージ・ソサエティ」という言葉があります。ビンテージ物のワインとよく言いますが、ビンテージとは年月を経てほどよく味わいが出たものを指します。高齢者が社会の負担になるのではなくて、社会の力となっていく社会。高齢者がビンテージとして社会に価値をもたらす社会。こういう社会作りに向けて、皆さんがいかに役割を果たしていくかということが大事です。

２０２５年、日本の一番大変な時期がここです。団塊の世代の方がみんな75歳以上になります。20〜64歳の方1・8人で65歳以上の方1人を支えることになると言われています。日本の医療制度は国民皆保険であって、アメリカやEUと違います。保険証を持っていれば、自分が行きたい病院にどこにでも行けるわけです。このいい制度を末永くうまく維持できるように考えないといけない。国の予算は96兆円しかないのに、医療費は40兆円を超えています。私が大学を卒業した頃は20兆円ぐらいだったのに、今は2倍になっています。

国は地域医療構想というものを作って、医療と介護を一緒にして制度改革しようとしています。医療だけ改革してもダメだからです。介護や福祉、これを一体化して改革するというプロジェクトについては、もう法律ができたのでその方向に進むでしょう。

しかし衝撃的なことが出てきました。例えば急性期の病院は２０２５年までにおよそ3割減ります。徳島県の地域医療構想の内容も、すでに厚生労働省に提出されています。

本当にそれが正しいか、うまくいくかは分かりません。しかし、少なくともこういう医療制度にしないと、今後の日本の医療体制は保てないというのも事実です。だからそこで知恵を出さないといけません。

日本には「総合医」という存在が必要だと思います。あるいは総合医をベースとした専門医が必要である。当然ですよね。肺しか診られないような医師よりも、いろいろな領域を診られる医師の方が、特に高齢者の場合にはいいに決まっています。高齢者はいろいろな病気にかかっていることが多いからです。

●自分の人生の終わり方を考え、生き方を考える

もう一つ、国民の一人として考えたいのは、自分の人生の終わり方をどうするのかということです。

終末期に胃ろう、人工呼吸器、経管栄養などをしてほしいか、ほしくないかというアンケートを見たら、多くの人が「してほしくない」と答えています。にもかかわらず、いまだに日本は過剰ともいえる治療をせざるを得ない状況です。救急搬送されてきた場合に本人の希望が分からない限りは、その人が90歳以上の超高齢者でも救命しなくちゃいけない。

最近、肺炎などを繰り返す場合、延命目的の治療を超高齢者に行わないことも一つの選択で、強力な抗菌薬を使わないという流れも出てきています。人生の最期をどのように迎

えるかについては、これから日本を支えていく大学生の皆さんが自分の問題として捉えなければいけない大きな宿題だと思います。

講義を終えるにあたり、皆さんへのメッセージです。我々は未来を見つめながら、科学技術を用いて次に待ち受けているものを予想しておくということがすごく重要です。そのためにいろいろな情報、莫大な情報の中から重要なものを継続的に収集していく必要があります。そして、系統的な知識・情報を利用して、ピンチをチャンスに変える。最終的には、人および社会への貢献が一番大事であると、私は考えています。

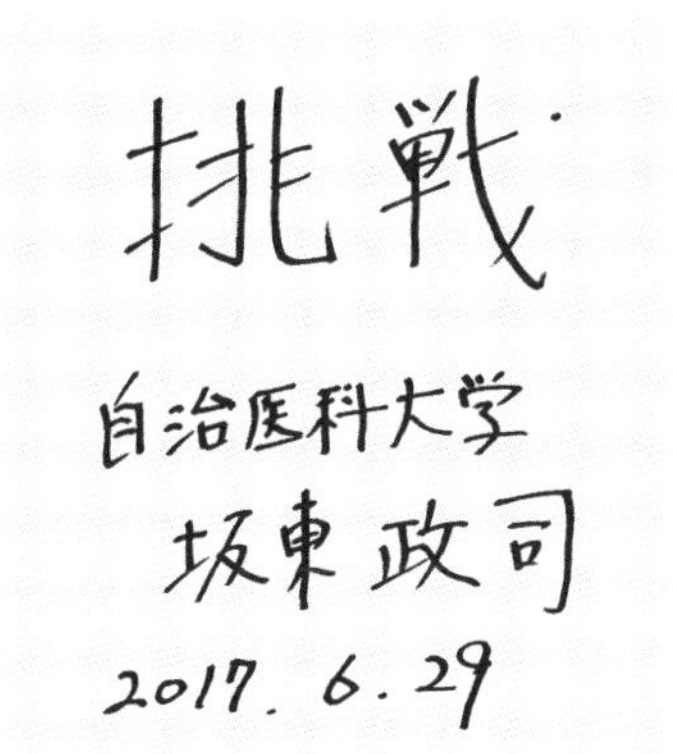

2017年6月29日講演
坂東政司氏

〈鼎談〉

5 プロフェッショナルであるということ

坂東政司
自治医科大学内科学講座
呼吸器内科学部門 教授

彡田羅勝義
徳島文理大学 看護学科 教授

桐野 豊
徳島文理大学・
徳島文理大学短期大学部 学長

●職業人としてのプライドがいいチームを作る

彡田羅　非常に広範囲に医療の現状というのを教えていただき、ありがとうございました。私も医療の現場にいた者としまして非常に興味を持ちました。

今日のお話の中では特に、医療における診断が興味深かったです。ここ数十年で治療技術はすごく発展、進歩しました。それはまさにテクノロジーのおかげだと思いますが、かつては1人の医療従事者がいれば何とかなったこともありましたが、今はとてもそんなことはないですね。そこで問題になってくるのがチーム医療。
徳島文理大学は今、非常に多くの医療系の学生が在籍しています。学生さんたちには、医療はチームで取り組まなくちゃいけないということを話していますが、実際に臨床の場に行くと、うまくいかない場面もずいぶんあるというのを私は経験しています。先生のご経験の中で、学生たちに何かアドバイスをお願いします。

坂東　確かに「医療はチームワークが大切」という言葉はよく出てきますし、重要だと言われます。アメリカではチーム内における個々の役割が大切にされています。それはなぜかと言うと、多職種のスタッフがプロ意識を持ち、仕事にプライドを持ってやっているからです。

坂東政司氏

医師、看護師、薬剤師、理学療法士、栄養士、ソーシャルワーカー。そういった専門集団が回診のときに一緒に来て、患者さんを中心に置いた意見交換・議論を行う。リハビリの理学療法士さんが「私はこう思う」、看護師さんが「私はこう思う」と意見を出し合う。

自分の与えられた役割に、プライドを持って取り組むこ

夛田羅勝義氏

とが大事だと思います。プロ意識がないと結局、チーム医療の実践は困難です。

だから、ぜひ自分の守備範囲については、絶対俺に任せてくれ、私に任せてくださいという気概と言いますか、覚悟というか。それが一番大事ではないかと思います。それがあってこそ、お互いを尊重して、いいチームになれる。そこがないと、やっぱりダメなんじゃないかなと思います。

夛田羅　確かにそうですね。私も同じように感じました。この分野では自分が一番というぐらいの勉強をしていただいて、それに自信を持っていただきたいですね。

●タバコの健康被害を啓発するために

桐野　日本の喫煙率は先進国の中では高いところにありますね。喫煙している人に禁煙してもらうためにどういう効果的な方法がありますか。禁煙について、先生のお考えではどういう方法が最も効果的なんでしょうか。

坂東　いろいろな方法がありますが、まずは禁煙外来とか禁煙教育が大切なのではないでしょうか。

例えばいろいろな喫煙に関する医学知識を伝えるということ。こんな病気になるよとか。こういうことを言っても、禁煙したいと思っていない喫煙者にはほとんど効果はないのですが、それでもやはり言い続けることは大事なことだ思います。

桐野 豊

これまでの経験や、論文を読んで思うのは、高齢者というか、おじいちゃん世代の方であればお孫さんの話や家族の話が効果的だと感じています。子どもやお孫さんに対する悪影響という話。結構効果があるんですね。

ですから教育についても、例えば幼稚園とか小学生の子たちに「タバコってこんなに害があり、恐ろしいものなんだよ」という話をする。そうすると子どもたちが家に帰ってお父さんやおじいちゃんに、「タバコは家族みんなの毒なんだよ」という話をする。これは医療従事者が言うよりも効果的であるというデータもあります。

いずれにしても、子どもさんを巻き込むというのが、重要な方法ではないでしょうか。後はやっぱり本人の意志が一番大事です。本人がいかにタバコをやめようと思うか。私は禁煙教育の講演会では、まずタバコをやめた人に成功談を話してもらうのですが、そのときに重要なのは、成功するまでの道のりで「どこで失敗したか」を自分で分析してもらうことです。聴き手には「確かにそういうことがある」と共有してもらうと効果が高まります。決して一人だけの力で禁煙するのではなく、これもチームといいますか、子どもさんも含めて家族みんなでやめさせていく。いかに禁煙サポートをするかということが本当に重要ではないかと思います。

ただ、その人の生活パターンとか行動パターン、あるいは性格もあると思います。その人ごとに対応していくということしかないんじゃないかと感じています。

●医師と患者との信頼関係

桐野　会場からの質問が二つあります。まず一つ目は「へき地医療に関連してドクターへリの普及も大事だと思いますが、かなり費用がかかる方法だと聞いています。医療費の中でドクターヘリの費用というのはあまり問題にならないんでしょうか」。二つ目は「広い国土を持つアメリカやオーストラリアなどでは、航空機が医療の世界でどういうふうに使われているんでしょうか」

坂東　やはり優先順位を的確に判断するということが大事なのではないでしょうか。国民側にもお金がかかるものだという認識が必要です。自分の死に方をどうするのか、どこで最期を看取ってもらいたいのかも含めて、自分の意志をあらかじめ決めておくことです。最後まで村で暮らして亡くなろうと思ったら、最後の最後にヘリで都市部の救急病院に運ばれたら意味がないこともあります。そういったことをトータルで考えて、どういう人を搬送するのかという的確なルール作りが必要です。

二つ目のご質問ですが、諸外国、特にアメリカは飛行機がすごく生活に密着していても、保険制度が日本とは違います。お金が払えないと救急車でさえ利用できません、というのがアメリカです。ヘリで搬送するまでの医療を全国民に対して行われているのかというと、アメリカでは行われていないのが現実だろうと思います。

桐野　先生が地域医療の中で一番心に残っていること、大変だったことは何でしょうか。

坂東　医師が村に一人しかいないという状況では、村の人は医師のことをすごく大切にしてくれて、思いやりを感じるのですね。「あの先生を夜中に起こして往診とか、あるいは夜間診療、時間外診療させると悪い」とか「申し訳ない」と思ってくれるんです。だから、村の人たちが夜中に医師に電話をしてくるというのは、よほどのことなんです。

今は大学病院にいますが、「昼間は混んでいるから夜に来た」という患者さんもいる。「夜中に診察を受けに来たら医師に笑顔がない」と投書箱に入れて帰る患者さんもいます。夜中の3時4時に笑顔の医師って、ちょっと想像ができません。もちろんごく一部の患者さんの話ですが。

そういうことを経験すると、余計に地域医療のことを思うんです。夜に連絡があれば、よほどのことが起きている。実際に「朝まで我慢したんだよ」といって朝に来て、診察した数時間後に急変された患者さんも経験しました。もうちょっと早く来てくれたら…。それくらい、医師に思いやりのある人ばかりでした。だから現在、自治医大の学生には授業の中で、へき地医療で夜中に呼ばれたら必ず往診に行くよう指導しています。

彦田羅　実は私自身の医療経験でも、主治医を思いやる患者さんがずいぶんいたんです。そういう状況が生まれる背景には、Ｆａｃｅ　ｔｏ　Ｆａｃｅ（直接対話）の関わり方があったと思います。そういうことができる地域、あるいは地方というのは、なかなか素晴らしい医療をやっている実践の場なんだということをつくづく感じました。

学生の皆さんも、もう少し徳島の魅力といいますか、地方ですごいことをやっているということに気づいていただけたらいいなと思います。

それともう一つ、先生のお話にあったレギュラトリーサイエンスということ。これは産官学連携という一見関係のないような分野の人たちが一つの課題に向かっていこうということだと思うんです。地方では地域連携ということがすごく言われています。大学でも地域連携って何だろうと常に考えていたんですが、先生のお話を聞かせていただき、まさにこういうことだと思いました。

坂東　現在、木屋平の診療所のすぐ近くに薬剤師さんがいて、患者さんへの調剤や服薬指導などは全部、薬剤師さんがしてくださっているそうです。桐野学長からは、徳島文理大学の関係者の方にもご尽力いただいているとお聞きしています。

今、いろいろな形態の連携があります。これまでは病診連携という言葉をよく耳にしましたが、医薬連携とか医工連携、つまり医学部と薬学部や工学部が連携するとか。えっ！と驚くような二つが連携することもあり得ると思います。その方が互いに化学反応を起こして、これまで想像もつかない新たな成果が得られることもあるのではないでしょうか。「AとBとが連携すると、画期的なことが起きるぞ」というものを、あらゆる可能性の中で考えていただきたいです。

●「医療職の偏在」と「2025年問題」

尋田羅　チーム医療のお話がありましたが、学生が医療の現場に出たときに、チーム医療がすぐに動かないということを実体験させる。そういう教育が、今非常に推奨されているんですね。例えば自治医科大学には看護学部がありますが、そういう学部と連携した教育についても指導いただければと思います。

坂東　実際には、やはり教員の人事交流ですね。医学部の教員が看護学部に行って授業をする。あるいは医学部の学生に対して、看護学部の教員の指導の下、入学早期に看護体験実習を行うなど。

桐野　後はへき地医療の問題でしょうか。医師をはじめとして医療職の人材の偏在ということが問題になっていますね。医師の数は十分なんだけど偏在しているのが問題など、そういう意見があります。

比較的過疎地については、自治医科大学式のカリキュラムにするというのはどうでしょう。フランスなんかでは医師というのは自由に自分の開業する場所が選べなくて、医師というのはそもそも公共財であって国が適正な配置を考えて命じたところで医療行為をする。そういう国もあります。ただ、日本の場合はなかなかそういうふうにはなっておらず、その結果が偏在ということになってくるわけです。これについては自治医科大学は非常に貢献していると思います。先生は、日本の現状を見ていて医療職の偏在という問題はどんなふうにお考えですか。

坂東　学長先生がおっしゃったように、フランスやドイツなどでは、選択する診療科に関して国が介入して一定のレギュレーション（規制）をかけていると思います。そうしないと、やはり偏在は当然起きます。

ただ、へき地での勤務という点で言えば、我々の時代と比べ、現在では1人の医師の負担を軽減するというように変わってきているように思います。前は1人で赴任したらずっと勤務するという形態が多かったですが、今は、例えば曜日によって担当医が交代勤務するという形もあります。

それによって、自分一人という大きな負担感は少なくなっているのではないでしょうか。しかし、どんな勤務体制であっても、後から振り返ればへき地医療の経験は絶対にプラスになるプライスレスな経験なので、できるだけ多くの医療職の方々に経験していただきたいと思っています。

また、医療職の偏在という問題は、2025年の地域医療構想も大きな影響を与える可能性があります。病床数の変更に伴い、病院の医師数の配置が変化するんじゃないかと考えるからです。

特に大学病院や中核病院のような急性期を担当する病院では医師数を減らす可能性があります。2025年は、医療体制が大きく変わる、一つの大きな節目の年になるかもしれないと考えています。

おわりに

桐野　豊

5人の講師の講義の中で、特に編者の心に強く残った点を述べてみます。

第1講座の中村 元氏は、水族館プロデューサーという日本でただ一人のプロフェッショナルとして、常識人や専門家（水族館の館長や学芸員）の意表を突く、全く新しいコンセプトのもとに水族館の新設やリニューアルを行って、来訪者が3倍～15倍になった例をお話しくださいました。「水族館はできるだけたくさんの人を呼ばなくてはならないということが、これまで、水族館関係者は本当には分かっていなかったのではないか」という指摘は、サービス業全般に当てはまるもので、私どもも強く留意すべき点でありました。私ども大学教師は、弱点を武器に変える、ピンチをチャンスに変える、非常識な発想ができる人材を養成したいものです。

第2講座の細貝淳一氏の講義は、中村氏の講義と相通ずるところが多くありました。東京都大田区という下町の町工場の経営者たちがボブスレーのソリを製作するという、破天荒な試みを、周囲の人々を巻き込みながら、実現していくお話には心躍らされました。自然に発揮される細貝氏の優れたリーダーシップのもと、町工場間のネットワークを作り、また、新素材を使いこなす技術面のイノベーションを実現していくといったところに、強い感銘を受けました。

第3講座の吉見俊哉先生のお話は、日本の大学関係者が、いかに大学について無知であるかを思い知らせるもので、私どもにとって、耳の痛いものであり、また、発奮させるものでした。「文科省が文系学部を廃止しようとしている」というニュースが日本中を駆け巡ったケースに関して、メディアリテラシーを持つことがいかに重要かという導入部に続いて、学問の歴史、大学の歴史を説き起こし、「文系の学問は役に立たないが重要だ」という主張を斥け、「文系の学問は、理系の学問とは異なった意味で、或いは、より重要な役に立つ」ものであることを論理的に、説得力高くお話し頂きました。

第4講座の成田昌稔氏の講義と、第5講座の坂東政司先生のお話は、現在日本が直面しつつある「高齢社会における医療・福祉」の課題に関するものでした。お二人とも、これからの医療を考えていくうえで、日本で生まれた新しい学問「レギュラトリーサイエンス」の重要性を述べられました。レギュラトリーサイエンスに基づく医療・福祉政策は政府や医療提供者の責務である一方、国民一人一人も健康リテラシーを高める努力をすること（例えば、禁煙すること）が求められていると述べられました。

成田氏は、医薬品開発が高齢者の医療・福祉に貢献するとともに、日本を経済的に豊かにする重要な産業であること、そのような社会における薬剤師の在り方について、お話しくださいました。坂東先生は、徳島県内の過疎地域の診療所に勤務された医師としての経験を踏まえながら、医療人の在り方として、専門能力だけでなく、品格を持つことが重要と説かれました。また、過疎地での医療経験は、先端的な医療に取り組むうえでも重要であり、人生において無駄な経験というものはないと仰って、学生のチャンレンジ精神を鼓舞し、背中を押す言葉を頂きました。

ご講演いただいた講師の先生方に心より御礼申し上げます。また、講義後にコメンテーターとして講師とディスカッションを行って、講義の理解を一層深めてくださった、濱田宣教授、武石賢一郎教授、水野貴之准教授、青野 透教授、浅川義範教授、飯原なおみ教授、および、夛田羅勝義教授に厚く御礼申し上げます。

最後に、本講座の企画及び本書の製作に多大なご尽力いただいた、姫野誠一郎教授、竹村文宏教授、藤田義彦教授、および、水野貴之准教授と公開講座実行委員会の皆様に深甚なる感謝の意を表します。また、株式会社あわわの山本正代氏の辛抱強くて適切な働き無くては本書の完成はなかったと思います。心より御礼申し上げます。

講師紹介

［徳島文理大学公開講座Vol. 11］

中村 元

水族館プロデューサー、集客再生コンサルタント

経歴:1956年三重県生まれ、成城大学卒業後に鳥羽水族館に入社し副館長を務め、水族館プロデューサーとして独立。新江ノ島水族館、サンシャイン水族館、北の大地の水族館他をプロデュース。手掛けた水族館は10館を超える。2002年に伊勢志摩バリアフリーツアーセンター、2010年には日本バリアフリー観光推進機構を開設し理事長、バリアフリー観光の第一人者となる。北里大学学芸員コースおよび専門学校で展示学を講義。

著書:『常識はずれの増客術』(講談社)、『水族館開発&リニューアル計画と集客戦略資料集』(綜合ユニコム)、『中村 元の全国水族館ガイド115』(長崎出版)、『みんなが知りたい水族館の疑問50』(ソフトバンククリエイティブ)、『水族館の通になる』(祥伝社)、『The水族館』(三推社・講談社)、『水族館哲学』(文春文庫)、『いただきますの水族館』(共著・瀬戸内人)

細貝 淳一

株式会社マテリアル 代表取締役

経歴：1966年生まれ。材料販売会社の営業経験を基に、1992年有限会社マテリアルを設立。順調に事業を拡大し、1996年には、株式会社に組織変更。現在代表取締役。東京都大田区に三つの拠点を持ち、材料販売から精密加工、検査まで一貫体制でどこよりも早い対応を可能にした。特にアルミ切削加工分野においてはリーダーシップを発揮している。高い品質に加え 時間=スピードに競争力をつけ海外とも戦える事業基盤を率先して構築している。自社工場は大田区「優工場」にも認定されている。ISOの取得に対しても自ら積極的に取り組み、2007年ISO9001取得、2009年ISO14001取得、2011年JISQ9100取得と品質・環境の面でも継続的な改善を行っている。社内外の人材育成にも積極的に取り組み、「戦う技術者集団」を育て上げている。また日本（地域）の「ものづくり」の発展と継承のために講演活動やインターンシップの受入にも応じ、社会に貢献している。2011年下町ボブスレーネットワークプロジェクトを立ち上げ、推進委員会を発足。大田区町工場の技術を集結し「下町ボブスレー世界に挑戦」を目標にソリを開発。

著書：『下町ボブスレー 東京・大田区、町工場の挑戦』（朝日新聞出版、2013）

吉見 俊哉

東京大学 大学院情報学環 教授

経歴：1957年、東京生まれ。東京大学大学院情報学環教授。同教養学部教養学科卒業。同大学院社会学研究科博士課程単位取得退学。社会学・文化研究・メディア研究専攻。東大新聞研究所助教授、同社会情報研究所助教授、教授を経て現職。2006～08年度に東大大学院情報学環長・学際情報学府長、2009～12年度に東京大学新聞社理事長、2010～14年度に東大副学

長、同教育企画室長、同グローバルリーダー育成プログラム推進室長、2010〜13年度に東大大学史史料室長、2017年より東京大学出版会理事長等を歴任。集まりの場でのドラマ形成を考えるところから、近現代日本の大衆文化と日常生活、文化政治を研究。
著書:『都市のドラマトゥルギー』(弘文社)、『博覧会の政治学』(中央公論社)、『メディア時代の文化社会学』(新曜社)、『「声」の資本主義』(講談社)、『カルチュラル・スタディーズ』(岩波書店)、『メディア文化論』(有斐閣)、『万博と戦後日本』(弘文社)、『親米と反米』(岩波新書)、『ポスト戦後社会』(岩波新書)、『大学とは何か』(岩波新書)『夢の原子力』(ちくま新書)、『アメリカの越え方』(弘文堂)、『「文系学部廃止」の衝撃』(集英社新書)、『視覚都市の地政学』(岩波書店)、『大予言「歴史の尺度」が示す未来』(集英社新書)等、多数。

成田 昌稔

特定非営利活動法人医薬品・食品品質保証支援センター代表理事、薬剤師

経歴:東京大学大学院薬学系研究科(修士)修了、薬剤師。昭和57年厚生省入省、その後、環境衛生局、薬務局、生活衛生局等に配属、環境庁、富山県に出向、厚生労働省大臣官房研究企画官、医薬食品局化学物質安全対策室長、独立行政法人医薬基盤研究所企画調整部長、独立行政法人医薬品医療機器総合機構(PMDA)上席審議役、医薬食品局審査管理課長、PMDA理事を経て、厚生労働省大臣官房審議官(医薬担当)、平成27年厚生労働省退職。現在、特定非営利活動法人医薬品・食品品質保証支援センター代表理事、一般財団法人食品薬品安全センター理事。

坂東 政司

自治医科大学 内科学講座 呼吸器内科学部門 教授

経歴:昭和58年徳島県立城ノ内高校卒業(第一期生)、平成元年自治医科大学医学部卒業、徳島大学医学部附属病院　初期臨床研修、徳島県立中央病院　多科ローテート研修、徳島県立三好病院内科医員(西祖谷山村診療所併任)、自治医科大学大学院入学(呼吸器内科)、米国イリノイ大学シカゴ校(UIC)留学、自治医科大学呼吸器内科講師、徳島県木屋平村国保診療所所長、カナダブリティッシュコロンビア大学(UBC)医学教育研修、自治医科大学呼吸器内科准教授、医局長、自治医科大学附属病院卒後臨床研修センター長、徳島大学医学部臨床教授を経て、平成28年6月から自治医科大学呼吸器内科教授。
著書:『内科学6版(コメディカルのための専門基礎分野テキスト)』(中外医学社)、『これだけで十分内科医のための処方集』(中外医学社)の他に、学会誌など多数に執筆。

講座掲載順。肩書き等は、講演当時のものを参考に記載しております。

編者紹介

桐野 豊

（きりの・ゆたか）

◎一 愛媛県生まれ。東京大学薬学部卒業。1972年同大学大学院薬学系研究科博士課程修了。米国カーネギーメロン大学博士研究員、東京大学薬学部助手、助教授などを経て、85年九州大学薬学部教授、93年東京大学薬学部教授、2001年同大学薬学部長・大学院薬学系研究科長、05年同大学理事・副学長。06年より徳島文理大学学長。18年4月より徳島文理大学名誉学長。専門は「神経生物物理学」、とくに「学習・記憶のメカニズムの解明」。所属学会はレギュラトリーサイエンス学会（前理事長）、薬学会（有効会員）、生物物理学会、神経化学会、神経科学学会、生化学会、Society for Neuroscience, Alzheimer's Association。

◎一薬学教育評価機構理事、日本私立薬科大学協会理事、徳島県文化振興財団評議員、かがわ産業支援財団「技術開発等審査委員会」委員長、NPO法人「へき地とあゆむ薬剤師」理事などを務める。大学の使命である「教育・研究・地域連携」の統合的推進に同僚とともに邁進中。

知得流儀

−ツナグ−

2018年4月20日　第1刷発行

編者　　桐野　豊

発行者　山岡景一郎

発行所　株式会社白川書院

■烏丸オフィス（編集・営業）

〒602-8011 京都市上京区烏丸通下立売上ル桜鶴円町375

TEL.075-406-0011 FAX.075-406-0022

振替口座: 01060-1-922

http://www.gekkan-kyoto.net/

デザイン　211デザイン室 川﨑孝志

制作　徳島文理大学公開講座 企画委員会

株式会社あわわ

編集支援　WEB&COPY design 田浦智美

印刷所　株式会社アルファ・システムズ

定価はカバーに表示しています。

ISBN978-4-7867-0079-8　C0030